新能源汽车专业职业教育创新教材

新能源汽车高压安全与防护

主　编　韩炯刚　石光成
副主编　马翠英　赵志明　范海燕

机械工业出版社

本书基于现阶段国内主流新能源汽车,尤其是纯电动汽车的使用与维护技术要求,结合电工作业规范,针对典型工作任务进行编写,对新能源汽车的结构、使用及维修中的安全操作、维护保养规范、典型维护案例等进行了详细的技术讲解,其中采用了大量的实际操作实物图,适用于职业院校新能源汽车专业维修作业中车辆使用和维护领域的教学与学习。

图书在版编目（CIP）数据

新能源汽车高压安全与防护/韩炯刚,石光成主编 . —北京：机械工业出版社，2018.5（2025.2 重印）

新能源汽车专业职业教育"十三五"规划创新教材

ISBN 978-7-111-59689-9

Ⅰ.①新… Ⅱ.①韩…②石… Ⅲ.①新能源－汽车－安全技术－职业教育－教材 Ⅳ.①U469.7

中国版本图书馆 CIP 数据核字（2018）第 077494 号

机械工业出版社（北京市百万庄大街 22 号　邮政编码 100037）
策划编辑：杜凡如　徐　霆　　责任编辑：杜凡如　徐　霆
责任校对：陈　越　　　　　　封面设计：王九岭
责任印制：邰　敏
中煤（北京）印务有限公司印刷
2025 年 2 月第 1 版第 18 次印刷
184mm×260mm・7.25 印张・164 千字
标准书号：ISBN 978-7-111-59689-9
定价：20.00 元

电话服务　　　　　　　　网络服务
客服电话：010-88361066　　机 工 官 网：www.cmpbook.com
　　　　　010-88379833　　机 工 官 博：weibo.com/cmp1952
　　　　　010-68326294　　金 书 网：www.golden-book.com
封底无防伪标均为盗版　　机工教育服务网：www.cmpedu.com

新能源汽车专业职业教育创新教材

专家委员会

顾　问

张延华　中国汽车维修行业协会
王水利　北京新能源汽车股份有限公司
王凯明　北京汽车技术研究总院
佘镜怀　国家开放大学汽车学院
刘　鹏　北京理工大学电动车辆国家工程实验室

主　任

王忠雷　北京新能源汽车股份有限公司

副主任

窦银忠　合众新能源汽车有限公司
陈圣景　北京新能源汽车股份有限公司
许建忠　北京汇智慧众汽车技术研究院
谢　元　机械工业出版社
许行宇　全国汽车维修标准化技术委员会

委　员

赵贵君　陈社会　李　刚　付照洪　王桂成
王巨明　孙大庆　高　岩　吴　硕　李宏刚

新能源汽车专业职业教育创新教材

编委会

主　任　　冯玉芹
副主任　　刘　斌　　吴宗保　　尹万建　　王福忠　　任　东
委　员　　李华伦　　程玉光　　王立伟　　贺永帅　　王国林
　　　　　汪赵强　　张　瑶　　温　庚　　孙潇韵　　张珠让
　　　　　曹向红　　贾启阳　　朱　岸　　赵　奇　　高窦平

特 别 鸣 谢

新能源汽车技术对于职业教育来说是个全新的领域，北京新能源汽车股份有限公司一直十分关注我国职业教育的发展，充分体现了国有企业的社会责任。目前，职业教育新能源汽车专业教材相对较少，为响应国家培养大国工匠的号召，北京新能源汽车股份有限公司组织编写了职业教育新能源汽车专业系列教材，并由北京汇智慧众汽车技术研究院负责开发了课程体系。在编写过程中，北京新能源汽车股份有限公司提供了大量的技术资料，给予了专业技术指导，保证了本书成为专业针对性强、适用读者群体范围广的职业教育新能源汽车专业的实用教材，尤其是王忠雷、窦银忠、陈圣景、张国敏、李春洪等提出了大量的意见和建议。在此，对北京新能源汽车股份有限公司及北京汇智慧众汽车技术研究院在本书编写过程中给予的所有支持和帮助表示由衷的感谢！

机械工业出版社

前　　言

随着新能源汽车技术的快速发展与国家政策的大力扶持，我国新能源汽车产业将迎来爆发式的增长，新能源汽车的生产制造与售后服务人员的需求逐渐增加。

与传统车辆不同，新能源汽车涉及其他领域的技术，尤其是高压电气系统，与传统汽车区别很大，维修作业过程中也有很大的区别，高压安全操作尤为重要。

本书基于现阶段国内主流新能源汽车，尤其是纯电动汽车的高压安全与防护技术要求，结合电工作业要求，针对诸多典型工作任务进行编写，对安全用电常识、电的危害、触电急救、高压安全防护技术、维修中的安全操作等进行了详细的技术讲解，其中采用了大量的实际操作实物图，适用于职业院校新能源汽车专业维修作业中高压安全防护的教学与学习。

本书由山东交通技师学院韩炯刚、重庆市巴南职业教育中心石光成担任主编，济宁职业技术学院马翠英、长春市机械工业学校赵志明、南昌汽车机电学校范海燕担任副主编，参加本书编写的还有付清洁、陆宇、姚颂氢、石中河、李萍林、姚清、刘娟娟、尹利杰。同时，在编写过程中得到了北京新能源汽车股份有限公司的大力支持。

由于本书涉及主要内容较新，编者水平和经验有限，难免存在缺点和疏漏，恳请相关领域专家和广大读者给予批评指正。

编　者

目 录

前言
第1章 安全用电常识 ··· 1
1.1 电学基本知识 ··· 1
1.1.1 电的由来 ·· 1
1.1.2 电流、电压、电阻、欧姆定律 ·· 1
1.1.3 串联电路、并联电路、基尔霍夫定律 ·· 3
1.1.4 电功率、电能、焦耳定律 ··· 6
1.1.5 电磁感应 ·· 6
1.2 电能的应用 ·· 7
1.2.1 电能的生产 ··· 7
1.2.2 电能的输送 ·· 10
1.2.3 电动汽车高压电能储存与使用 ·· 11
1.3 电压等级 ··· 13
1.3.1 工业电压等级 ··· 13
1.3.2 电动汽车电压等级 ··· 15
本章小结 ··· 15
复习思考题 ·· 15
实训项目 ··· 16
实训1 数字式万用表测量电路基本物理量 ·· 16
实训2 基本电路的搭建及测量 ··· 20

第2章 电的危害 ·· 22
2.1 人体过电电阻与电流 ··· 22
2.1.1 人体各部位的皮肤电阻 ··· 22
2.1.2 皮下的内部电阻 ·· 23
2.1.3 环境因素对人体电阻的影响 ··· 23
2.1.4 人体通过电流的分级 ·· 24
2.1.5 决定人体通过电流所造成危害程度的因素 ···································· 25
2.2 触电危害 ·· 27
2.2.1 电击与电伤 ·· 28
2.2.2 触电方式 ·· 29
2.2.3 短路危害 ·· 33
2.2.4 电磁辐射 ·· 35
2.2.5 电弧危害 ·· 36
本章小结 ··· 37
复习思考题 ·· 37
实训项目 ··· 38
实训3 数字式万用表测量人体电阻 ··· 38

实训 4　数字式万用表检测短路故障 ························ 38

第 3 章　触电急救 ·························· 41
3.1　触电急救的原则 ·························· 41
3.1.1　触电急救的原则和方法 ·························· 41
3.1.2　触电急救安全注意事项 ·························· 44
3.1.3　二次伤害 ·························· 44
3.1.4　外伤与出血 ·························· 44
3.2　触电急救心肺复苏 ·························· 46
3.2.1　急救前对伤情的判断 ·························· 46
3.2.2　施救前对出血性外伤的处理 ·························· 47
3.2.3　人工呼吸 ·························· 47
3.2.4　胸外按压 ·························· 49
本章小结 ·························· 50
复习思考题 ·························· 50
实训项目 ·························· 51
  实训 5　触电急救的基本方法练习 ·························· 51
  实训 6　外伤出血的简单包扎 ·························· 52
  实训 7　练习心肺复苏的基本操作 ·························· 52

第 4 章　高压安全防护技术 ·························· 54
4.1　新能源汽车高低压电能的应用及结构 ·························· 54
4.1.1　传统汽车电器单线制/双线制 ·························· 54
4.1.2　新能源汽车高压用电系统结构简介 ·························· 55
4.1.3　新能源汽车低压用电系统结构简介 ·························· 56
4.2　防护措施 ·························· 56
4.2.1　可视安全标识 ·························· 56
4.2.2　绝缘防护与隔离技术 ·························· 57
4.2.3　绝缘监测 ·························· 58
4.2.4　断路保护 ·························· 59
4.2.5　漏电保护 ·························· 60
4.2.6　主动放电 ·························· 60
4.2.7　预充电保护 ·························· 60
本章小结 ·························· 61
复习思考题 ·························· 61
实训项目 ·························· 61
  实训 8　认识新能源汽车高低压系统基本结构 ·························· 61
  实训 9　认识新能源汽车上的可视安全警示标识 ·························· 62

第 5 章　维修中的安全操作 ·························· 64
5.1　新能源汽车维修高压安全防护措施 ·························· 64
5.1.1　硬件防护措施 ·························· 64
5.1.2　制度防护措施 ·························· 68
5.1.3　防护用具 ·························· 71

目 录

  5.1.4　环境与防护 …………………………………………………………… 72
  5.1.5　保护接地 ……………………………………………………………… 73
 5.2　新能源汽车维修绝缘安全用具与使用 ………………………………………… 73
  5.2.1　绝缘安全用具种类的划分 …………………………………………… 73
  5.2.2　绝缘安全用具的使用检查 …………………………………………… 75
  5.2.3　绝缘安全用具的定期试验与存放保管 ……………………………… 75
 5.3　新能源汽车维修的高压安全技术 ……………………………………………… 76
  5.3.1　绝缘工具的使用 ……………………………………………………… 76
  5.3.2　绝缘检测 ……………………………………………………………… 78
  5.3.3　高压断电流程 ………………………………………………………… 79
  5.3.4　验电及放电规范与方法 ……………………………………………… 81
 5.4　新能源汽车维修高压安全操作要求 …………………………………………… 83
  5.4.1　操作人员执业资格 …………………………………………………… 83
  5.4.2　操作人员编制 ………………………………………………………… 83
  5.4.3　安全操作环境的建立 ………………………………………………… 83
  5.4.4　安全操作规范 ………………………………………………………… 84
  5.4.5　新能源汽车充电安全注意事项 ……………………………………… 88
 本章小结 ……………………………………………………………………………… 89
 复习思考题 …………………………………………………………………………… 89
实训项目 ………………………………………………………………………………… 90
 实训10　专用高压防护用具的使用 ……………………………………………… 90
 实训11　维修开关的拆卸与安装 ………………………………………………… 91
 实训12　认识并使用绝缘工具 …………………………………………………… 93
 实训13　绝缘检测工具的使用与实车绝缘检测 ………………………………… 95
 实训14　动力电池高压断电、验电、放电操作 ………………………………… 98
附录　相关国家标准 …………………………………………………………………… 100
参考文献 ………………………………………………………………………………… 103

第 1 章

安全用电常识

学习目标

- 掌握电流、电压、电阻的基本概念；
- 掌握基尔霍夫电流定律和基尔霍夫电压定律；
- 掌握电功率和焦耳定律；
- 学会法拉第电磁感应定律；
- 知道电力系统组成，主要发电方式和传输方法；
- 掌握电动汽车的结构组成；
- 知道电动汽车的几种主要充电方式和制动能量回收技术；
- 知道工业用电高低压划分和汽车 AB 类电压的等级划分。

新能源电动汽车有一个非常明显的特点，就是整车带有"高"压动力电回路，在乘用车上，其最高电压可达 600V 以上，虽然这在传统的电工分级中远未达到真正的高压电，但和传统汽车的电气系统中的用电电压相比，已经是足以伤害到人们的"高"压电，这样就给人们带来了不容忽视的"高"压安全用电问题。本章主要介绍跟安全用电相关的基础内容，包括电学基本知识、电能的应用、电压等级。

1.1 电学基本知识

1.1.1 电的由来

现今，人们的生活已经离不开电的使用，那么，电是怎么来的呢？一种方式是通过电池，普通电池把化学能转化为电能，光电池把光能转化为电能。另一种方式是直接使用交流电，电厂将热能、风能、水能等各种能量转化为电能，输送到各个角落，供用户使用。

1.1.2 电流、电压、电阻、欧姆定律

电流、电压和电阻是电路的基本物理量，欧姆定律揭示了三者之间的关系。

1. 电流

电荷有规则的定向移动称为电流。电流的大小用字母 I 表示，电流的单位为安培（A），常用的单位还有千安（kA）、毫安（mA）和微安（μA），换算关系为：

$$1kA = 10^3 A；1A = 10^3 mA；1mA = 10^3 μA$$

电流不仅有大小,而且有方向,习惯上规定正电荷移动的方向为电流的方向。图 1-1 所示为金属导体中电流的形成,电子的运动方向为 B→A,电流的方向则是 A→B。

若电流的方向不随时间变化,则称之为直流电流,用符号 DC 表示,若电流的大小和方向都随时间变化,则称其为交流电流,简称交流,用符号 AC 表示,如图 1-2 所示。

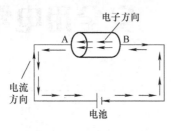

图 1-1 电流的方向

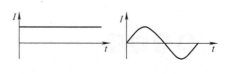

图 1-2 直流电流和交流电流

2. 电压

电路中有电流流动是电场力做功的结果。在图 1-1 中,电场力将单位正电荷从 A 点移动到 B 点所做的功,称为 AB 两点间的电压,用 U_{AB} 表示,电压的单位为伏特（V）,常用的单位还有 kV、mV、μV。其换算关系为:

$$1kV = 10^3 V;\quad 1V = 10^3 mV;\quad 1mV = 10^3 \mu V$$

3. 电阻

电阻是反映导体对电流阻碍作用大小的物理量。电阻在电路中用 R 表示,单位为欧姆（Ω）。常用的单位还有 kΩ 和 MΩ,其换算关系为:

$$1M\Omega = 10^3 k\Omega = 10^6 \Omega$$

导体的电阻是客观存在的,即使没有外加电压,导体仍然有电阻。金属导体的电阻大小与其几何尺寸及材料有关,实践证明,导体的电阻还与温度有关,一般金属的电阻随温度的升高而增大。一个 220V、40W 的白炽灯不通电时,灯丝电阻为 100Ω;正常发光时,灯丝电阻高达 1210Ω。半导体和电解液的电阻,通常随温度的升高而减少。

敏感电阻是生活中常用的一种电阻器,它的电阻值随温度、电压、湿度、光照程度、气体环境、磁场强度、压力等状态的变化而发生显著变化。热敏电阻器、压敏电阻器、湿敏电阻器和光敏电阻器如图 1-3 所示。

4. 欧姆定律

流过电阻的电流与电阻两端的电压成正比,这就是欧姆定律。它是分析电路的基本定律之一。对图 1-4a) 的电路,欧姆定律可用下式表示:

$$\frac{U}{I} = R \tag{1-1}$$

式中 I——流过导体的电流,单位为 A;

U——加在导体两端的电压,单位为 V;

R——该段电路的电阻,单位为 Ω。

由式（1-1）可见,当所加电压一定时,电阻越大,则电流越小。显然,电阻具有对电流起阻碍作用的物理性质。

根据在电路图上所选电压和电流的参考方向的不同,在欧姆定律的表达式中可带有正号

a) 热敏电阻器　　　　　　b) 压敏电阻器

c) 湿敏电阻器　　　　　　d) 光敏电阻器

图 1-3　敏感电阻器

或负号。当电压和电流的参考方向一致时（图 1-4a），则有

$$U = RI$$

当两者的参考方向选得相反时（图 1-4b），则有

$$U = -RI$$

1.1.3　串联电路、并联电路、基尔霍夫定律

1. 串联电路

把多个元件逐个顺次连接起来，就组成了串联电路。图 1-5 所示为串联电路的示意图和等效电路图，三个灯泡依次首尾相连。

a) U 和 I 方向相同　　b) U 和 I 方向相反

图 1-4　欧姆定律

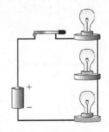 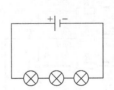

图 1-5　串联电路

串联电路的特点如图 1-6 所示。
1）电路中流过每个电阻的电流都相等。
2）电路两端的总电压等于各电阻两端的分电压之和，$U = U_1 + U_2 + U_3$。
3）电路的等效电阻（总电阻）等于各串联电阻之和，$R = R_1 + R_2 + R_3$。

4）电路中各个电阻两端的电压与它的阻值成正比，$U_1 = IR_1$；$U_2 = IR_2$；$U_3 = IR_3$。

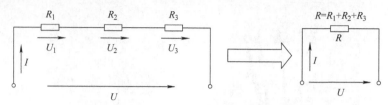

图 1-6　串联电路

2. 并联电路

把多个元件并列地连接起来，由同一电压供电，就组成了并联电路。各种家用电器都是以并联方式连接在一起。图 1-7 为并联电路的示意图和等效电路图，两个灯泡的输入端和输出端分别连接在一起。

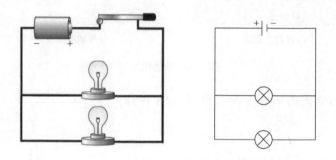

图 1-7　并联电路

从图 1-8 中可以看出并联电路的几个特点：

1）电路中各电阻两端的电压相等，且等于电路两端的电压。
2）电路的总电流等于流过各电阻的电流之和。
3）电路的等效电阻（总电阻）的倒数等于各并联电阻的倒数之和，$\dfrac{1}{R} = \dfrac{1}{R_1} + \dfrac{1}{R_2} + \cdots + \dfrac{1}{R_n}$。

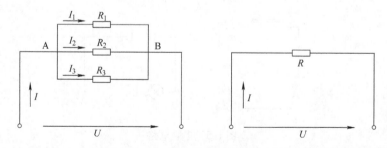

图 1-8　并联电路等效电阻

3. 基尔霍夫定律

电路中的每一个分支称支路。它由一个或几个相互串联的电路元件所构成。含有电源的支路称有源支路，不含电源的支路称无源支路。由 3 条或 3 条以上支路所汇成的交点称结点，图 1-9 所示为结点的例子。

电路中任一闭合路径都称回路。一个回路可能只含一条支路，也可能包含几条支路。其中，最简单的回路又称独立回路或网孔。

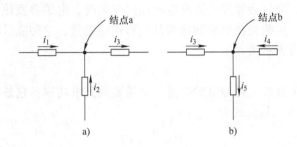

图 1-9　结点

基尔霍夫定律是电路中的一个重要概念，它包括电流定律和电压定律。

基尔霍夫电流定律（KCL）指出：所有流入结点的支路电流的代数和恒等于零。若将流入结点的电流前面取"＋"号，则流出节点的电流前面取"－"号，对图 1-9 的结点有：

结点 a：$i_1 + i_2 - i_3 = 0$

结点 b：$i_3 + i_4 - i_5 = 0$

基尔霍夫电流定律还有另外两种表达方式。一种是：所有流出结点的支路电流的代数和恒等于零。流出结点的电流前面取"＋"号，流入节点的电流前面取"－"号，则图 1-9 的结点有：

结点 a：$-i_1 - i_2 + i_3 = 0$

结点 b：$-i_3 - i_4 + i_5 = 0$

另外一种是：流入结点的电流和等于流出结点的电流和。对于图 1-9，得到以下方程式：

结点 a：$i_1 + i_2 = i_3$

结点 b：$i_3 + i_4 = i_5$

这三组方程式是完全相同的。

基尔霍夫电压定律（KVL）指出：在任一时刻，沿任一回路，所有支路电压的代数和恒等于零。凡支路电压的参考方向与回路的绕行方向一致者，在电压前面取"＋"号，支路电压的参考方向与回路绕行方向相反者，前面取"－"号。

以图 1-10 所示电路为例，图中电源电动势、电流和电压的参考方向已标出。按照虚线所示方向循行一周，可列出：

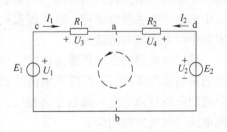

图 1-10　基尔霍夫电压定律

$$U_1 - U_2 + U_4 - U_3 = 0$$

或将上式改写为

$$U_1 + U_4 = U_2 + U_3$$

基尔霍夫电压定律也可表述为：绕行方向上的电位降之和应该等于电位升之和。

1.1.4 电功率、电能、焦耳定律

1. 电功率

电流通过电灯时，电灯会发光；当有电流通过电炉时，电炉会发热。这种现象表明，电流通过不同的负载时，负载会将电能转换为其他形式的能量，这种能量转化的过程伴随着电流做功，简称电功，可表示为

$$W = UIt \tag{1-2}$$

有时需要知道一个负载消耗能量的快慢，就需要用到电功率，它是电流在单位时间内所做的功，用字母 P 表示，其公式为

$$P = \frac{W}{t} = UI \tag{1-3}$$

电功率的单位是 W。

2. 焦耳定律

电流通过导体要产生热量，使导体的温度升高，这就是电流的热效应。英国物理学家焦耳通过实验发现，电流通过导体时产生的热量，跟电流强度的平方、导体的电阻和通电时间成正比，这就是焦耳定律，用公式表示为

$$Q = I^2 Rt \tag{1-4}$$

在国际单位制中，热量的单位是焦耳，用字母 J 表示。

3. 电能

发电厂将各种能量转化为电能，电能的单位为度，又称千瓦时，符号为 $kW·h$，千瓦时是一种能量单位，它和焦耳的换算关系为

$$1kW·h = 1000W \times 3600s = 3.6 \times 10^6 J$$

$1kW·h$ 的电大约可以开 $1h$ 的空调，或者看 $10h$ 的电视，或者开 $50h$ 的灯。

1.1.5 电磁感应

1820 年 4 月，丹麦物理学家、化学家奥斯特偶然发现，放置在导线旁边的指南针在通电的一瞬间发生了偏转，后期他通过大量实验证明，电流可以产生磁场。1830 年 8 月法国物理学家法拉第发现，当导体作切割磁感线运动或者线圈中的磁场发生变化时，在导体或线圈中都会产生感应电动势。这种现象就称为电磁感应现象。如果导体或线圈构成闭合回路，则其中将有感应电流流过。

感应电动势的方向通常由楞次定律再结合右手螺旋定则来确定。楞次定律指出：感应电流的磁场总是要阻碍引起感应电流的磁通量的变化。当引起感应电流的磁通量增大时，感生电流的磁场与原电流的磁场方向相反；当引起感应电流的磁通量减小时，感生电流的磁场与原电流的磁场方向相同。

导体中感应电动势的大小与线圈中磁通的变化率成正比，这就是法拉第电磁感应定律。用 $\Delta\Phi$ 表示时间间隔 Δt 内一个单匝线圈中的磁通变化量，则一个单匝线圈产生的感应电动势的大小为

$$e = \frac{\Delta\Phi}{\Delta t} \tag{1-5}$$

如果线圈有 N 匝，则感应电动势的大小为

$$e = N \frac{\Delta \Phi}{\Delta t} \tag{1-6}$$

1.2 电能的应用

电能要生产并且应用，必须依靠一套完善的系统，也就是电力系统。电力系统是由发电、变电、输电、配电和用电等环节组成的电能生产与消费系统，如图1-11所示。它的功能是将自然界的一次能源通过发电动力装置转化为电能，再经输、变电系统及配电系统将电能供应到各负荷中心，通过各种设备再转换成动力、热、光等不同形式的能量，为地区经济和人民生活服务。

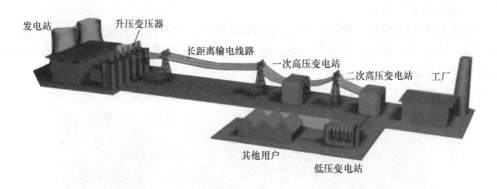

图1-11 供电系统

作为国民经济发展规划的重要组成部分，电力系统具有以下特点：

1）电力作为电气的本质，它的生产和消费必须同时进行。生产、输配和使用必须处于动态平衡之中。

2）由于发电和用电同时实现，使得电力系统各个环节联系紧密，相互依赖。

3）电能以电磁波形式传播，有极高的传输速度，所以电力系统的过渡过程十分短暂。

4）电能不易储藏。至今未能完全解决经济的、高效率、大容量的储能问题。

下面重点介绍电能的产生和输送，以及电动汽车高压电能的储存与使用。

1.2.1 电能的生产

发电厂是直接生产电能的部门，由于所用"燃料"的不同，发电厂的种类也不同，例如：利用矿物燃料，如煤、石油等为能源转换为电能的，称为火力发电厂；利用水能转换为电能的，称为水力发电厂；利用核能转换为电能的称为核电厂；利用风能转换为电能的称为风力发电厂。除此之外，还有地热发电厂、太阳能发电厂等。目前，大多数国家的电能主要来自于火电、核电和风电，下面将分别介绍这三类发电厂的生产过程。

1. 火力发电

火力发电是利用煤、石油或天然气等燃料的化学能来生产电能的。现代化的火电厂是一个庞大而又复杂的生产电能与热能的工厂。它由下列5个系统组成。

（1）燃料系统 完成燃料输送、储存、制备的系统。燃煤电厂有卸煤设施、煤场、上煤设施、煤仓、给煤机、磨煤机等设备；燃油电厂备有油罐、加热器、油泵、输油管道等设备。

（2）燃烧系统 完成燃料燃烧过程，使燃料化学能转化为蒸汽热能的系统，主要包括燃烧器、炉膛、送风机、引风机、除尘器、除灰设备等。

（3）汽水系统 完成蒸汽热能转化为机械能的系统，主要包括锅炉的汽水部分、汽轮机及其辅助设备，如凝汽器、除氧器、回水加热器、给水泵、循环水泵、冷却设备等。

（4）电气系统 完成机械能转化为电能的系统，主要包括发电机、主变压器、断路器、隔离开关、母线等。

（5）控制系统 完成生产过程中的参数测量及自动化监控操作的系统。

在上述系统的所有设备中，最主要的设备是锅炉、汽轮机和发电机（三大主机），它们安装在发电厂的主厂房内。

主变压器和配电设备一般是安装在独立的建筑物内和户外；其他辅助设备如给水系统、供水设备、水处理设备、除尘设备、燃料储运设备等，有的安装在主厂房内，有的则安装在辅助建筑中或在露天场地。

图 1-12 为单体火力发电厂——内蒙古大唐国际托克托发电公司。

图 1-12　火力发电厂

电能的基本生产过程是：燃料在锅炉中燃烧，将水加热使其变为蒸汽，蒸汽压力推动汽轮机旋转，然后汽轮机带动发电机旋转，将机械能转变为电能。电能生产需要经过三次能量转换过程，即

$$化学能 \xrightarrow{锅炉} 热能 \xrightarrow{汽轮机} 机械能 \xrightarrow{发电机} 电能$$

2. 核电

核能发电主要是利用重核裂变使核能转变为热能，这一过程是在核反应堆中完成的。因此，核反应堆是核电站的热力来源，它替代了火电厂的蒸汽锅炉。

核电站的建设需要巨大的投入，但运行成本低，使用寿命长，是最经济环保的技术之一。核能发电所造成的污染最少，在建设过程中和燃料处理过程中会排放大量二氧化碳，在电能生产过程中则不会。

一个完整的核电系统由核反应堆、增压器、反应堆冷却剂泵、蒸汽发生器、汽轮机和发电机、电网、用户和海水冷却系统组成，如图1-13所示。

图1-13　核电站
1—核反应堆　2—增压器　3—反应堆冷却剂泵　4—蒸汽发生器
5—汽轮机和发电机　6—电网　7—用户

核反应堆是一个装有燃料棒的密闭容器，当中子撞到铀原子，铀原子进行一系列分裂，释放出两个或三个以上的中子，在这个过程中，原子中的核能量转化为热能。碰撞分裂产生的中子又会撞到其他铀原子，重复之前的过程，由此产生的连锁反应释放出巨大的热量。

核电站有管道内和管道外两套循环系统，管道内的水流过反应堆被连锁反应释放出的热量加热到300℃，这些水用于加热。为了防止管道中的水因沸腾变成水蒸气，增压器将压力增大到155at（1at＝98.066kPa）。这些高压热水由反应堆冷却剂泵推送到蒸汽发生器，再经过数以千计的循环管道流回反应堆。另有一部分水从蒸汽发生器里的循环管道外面流过，它们的压力要低得多，由装有高压热水管道传输过来的热量将这些水加热为蒸汽。蒸汽经过一系列汽轮机组，推动它们旋转，从而将热能转化为机械能。汽轮机与发电机通过轴承连接，将机械能转化为电能。变压器将发电机产生的电能变成高压电，然后经电网传输给用户。

蒸汽经过汽轮机后，进入冷却系统，这个系统里面布满管道，管道中装有从大海中抽取的海水，蒸汽经冷却变回液态，回到蒸汽发生器，然后可以进行再次加热，变成蒸汽，带动汽轮机旋转。

由于冷区系统需要大量的冷水，核电站一般建在海边或河边。图1-14为位于广东的大亚湾核电站。

图1-14　广东大亚湾核电站

3. 风电

早在3000多年前，人类就已经开始使用风力研磨谷物和从地下抽水，利用风力进行海上航行可以追溯到更早的时间，但使用风车发电是近几百年的事。世界上第一台风机由苏格兰科学家雅各·布莱斯于1887年组装完成。由于风机结构复杂，电力输出不稳定，并网困难，而且电能难以储存，在很长一段时间内，风力发电只用于局部供电。20世纪90年代之后，随着能源危机的加剧和环境保护的需要，很多国家，尤其是欧洲和北美加大了对风能研发技术的投入，风力发电得到了较快的发展。截至2016年底，全球风力发电装机总量已达到486790MW，比上一年增长12.5%。图1-15所示为位于苏格兰北海的海上浮式风电场。在我国，风力发电虽然最近几年有了较大发展，但在电力结构中所占的比例仍然非常低。

图1-15　苏格兰海上浮式风电场

如图1-16所示，一个垂直型风机通常由塔架、叶片、转子、传动轴、发电机、控制器和一些辅助设备组成。塔架起到固定风机的作用，风力带动叶片旋转，叶片通过转子和低速转轴与发电机连接，完成从机械能到电能的转换，控制器针对不同风速，对发电机实施不同控制策略，保持输出电能的平稳性。

1.2.2　电能的输送

为了合理利用能源和保护环境，发电站一般建在靠近这些能源的地方，而用电的地方却很多，有的地方离发电厂很远，因此需要把电能输送到远方，这就涉及电能的输送问题。

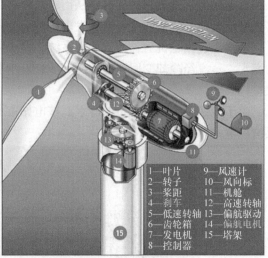

图1-16　风机结构

输送电能的基本要求是可靠、保质、经济。

电流流过输电导线时，由于电流的热效应，有一部分电能会因转化为热能而损失掉。由电功率知识可知，在保证输送电功率不变的情况下，只能采用提高输电电压的方法来减少电能在输送过程中的损失。

高压输电的基本环节可用图 1-17 所示的流程图表示。发电机产生电能，升压变压器把发电机发出的低压电变换为高压电，电力线路输送高压电，降压变压器把网络中的高压电变换为低压电便于用户使用。

1.2.3 电动汽车高压电能储存与使用

通常，电动汽车有纯电动汽车（Battery Electric Vehicle，BEV）、混合动力汽车（Hybrid Electric Vehicle，HEV）、燃料电池电动汽车（Fuel Cell Electric Vehicles，FCEV）三种类型，近几年混合动力汽车中的插式式（Plug – In）混合动力汽车（Parallel Hybrid Electric Vehicle，PHEV）特别受到关注，国内外专家认为，PHEV 有望在几年后得到广泛的推广使用。

图 1-17 电能输送流程图

本章主要关注纯电动汽车，纯电动汽车由动力电池、控制器、电机和驱动轴等部分组成，完全是由动力电池提供电力驱动，如图 1-18 所示。动力电池通过控制器将电能传递到电机，电机将电能转化为机械能，传递给驱动轴，驱动轴带动车轮转动。下面分两部分介绍电动汽车的储能系统和充电技术。

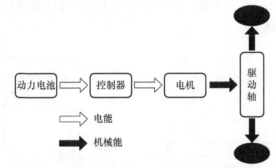

图 1-18 电动汽车能量传递路线示意图

1. 电动汽车储能系统

动力电池按材料来分，可分为铅酸电池、镍镉电池、镍氢电池和锂电池，如图 1-19 所示。

铅酸电池由于自身性能限制了动力电源的发展且存在铅污染，逐渐退出市场；镍镉存在镉污染，记忆效应严重，也基本退出动力电池市场；镍氢电池是镍镉电池的改进，具有比能量高、充电速度快、基本无记忆效应、无环境污染，安全性高等特点，但是镍氢电池制造成本较高，大量推广遇到很大困难。锂离子电池技术发展很快，近 10 年来比能量已经从 $100W·h/kg$ 增加到了 $180W·h/kg$，比功率可达 $2kW/kg$，循环寿命达 1000 次以上，工作温度范围达 $-40\sim55℃$。近年由于磷酸铁锂离子电池的研发有重大突破，又大大提高了电池的安全性，因此目前已有许多发达国家将锂离子电池作为电动汽车用动力电池的主攻方向。

动力电池决定了电动汽车的行驶里程、加速能力和充电时间。电动汽车的动力电池由很多节电池单体组成，一节电池单体通常包含四个主要部分：正极、负极、电解液和隔膜。当电池放电的时候，正极从外电路接收电子，负极向外电路提供电子，隔膜是一种特殊的复合膜，它的功能是隔离正、负极，阻止电子穿过。

一节电池单体的电量是固定的，但它的容量取决于所包含的活性材料的多少，单个电芯的电量从几安培到几千安培不等，电池的电量就是它所能提供的电子数目，电流是单位时间内通过导体的电子数目，那么容量就是电流乘以时间，单位为安培时。

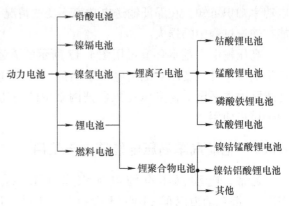

图 1-19　动力电池分类

2. 电动汽车充电技术

按照充电速率控制方式的不同，电动汽车有多种充电方式。

（1）恒压充电　恒定电压加在电池上，从图 1-20 可以看出，开始电池电量很低时，充电电流最高，随着电量的增加，电流下降，当电池接近充满时，电流降到最小值。恒压充电所需要的电子装置相对简单，因此价格低廉。

（2）恒流/恒压充电　如图 1-21 所示，在一个充电循环的开始使用恒定高电流，当电池电压达到一定值时，改为恒压控制，这种充电方式可以通过减少充电过程中的热量来延长电池寿命，提高电池性能。

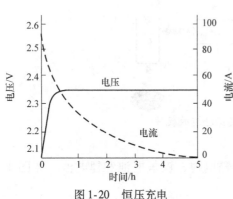

图 1-20　恒压充电

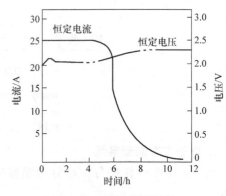

图 1-21　恒流/恒压充电

（3）脉冲充电　脉冲充电使用"脉冲电压"来取代恒压或者恒流，如图 1-22 所示，这种方法对电池施加一系列的高电流和高电压脉冲直到电池电压达到设定值。这种充电方法最主要的优点是能够极大地减少发热，使充电器在电池接近充满的时候还能以高电压运行，此外，降低热量意味着减少了能量损失，所以脉冲充电能够极大地减少充电时间，提高效率。

充电方式有很多选择，电动汽车厂家会根据所配置的电池情况提供最合适的充电方式。

3. 电动汽车制动能量回收技术

在电动汽车中，作为动力装置的电动机同时也具有发电功能，利用这一功能，可以实现电动机的再生制动。

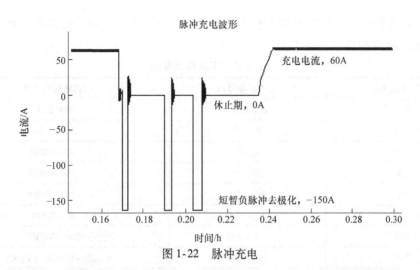

图 1-22 脉冲充电

在制动过程中,整车的惯性能量可以传递到电动机,从而带动电动机转动,此时,电动机转化为发电机,向动力电池充电,将制动能量转化为电能,储存在动力电池中,实现了能量的再生利用。同时,电动机产生的制动力矩还可以作用于车轮,对车轮施加制动力,从而达到使车辆减速的效果。

1.3 电压等级

电压按照幅值和对人体的伤害程度划分了三个等级:安全用电、低压和高压。本节分别介绍这三个电压等级和电动汽车的工作电压等级划分。

1.3.1 工业电压等级

1. 工业用电电压标准

1991 版的高低压定义:按照中华人民共和国行业标准 DL 408—1991《电业安全工作规程》第 1.4 条的规定,电气设备分为高压和低压两种:高压:设备对地电压在 250V 以上者;低压:设备对地电压在 250V 及以下者。

所以之前都是按照 250V(对地电压)来区分高低压的,随着生产制造和科技的发展,越来越多的大功率、高电压的电气设备和电气系统投入市场,我国高低压应以 2011 版的 1kV 来区分。将额定对地电压 1kV 以上电压称为"高电压",额定电压在 1kV 以下电压称为"低电压"。

目前我国常用的交流供电电压等级:220V、380V、6kV、10kV、35kV、110kV、220kV、330kV、500kV、1000kV。电力系统一般是由发电厂、输电线路、变电所、配电线路及用电设备构成。通常将 35kV 以上的电压线路称为送电线路。35kV 及其以下的电压线路称为配电线路。将额定 1kV 以上电压称为"高电压",额定电压在 1kV 以下电压称为"低电压"。

交流电压等级中,通常将 1kV 及以下称为低压,1kV 以上、20kV 及以下称为中压,20kV 以上、330kV 以下称为高压,330kV 及以上、1000kV 以下称为超高压,1000kV 及以上称为特高压。

直流电压等级中，±800kV 以下称为高压，±800kV 及以上称为特高压，两种不同电压合适的输送电距离和功率见表1-1。

表1-1 工业电压等级

电压等级/kV	送电距离/km	送电功率/kW
0.4	0.6 以下	100 以下
6.6	4~15	100~1200
10	6~20	200~2000
35	20~70	1000~10000
66	30~100	3500~30000
110	50~150	10~50MW
220	100~300	100~500MW
330	200~600	200~800MW（西北）
500	150~850	1000~1500MW
750	550 以上	2000~2500MW
1100	1000~1500	3000MW 以上

2. 安全电压/电流

（1）安全电压　安全电压是指不致使人直接致死或致残的电压。一般环境条件下允许持续接触的"安全特低电压"是36V。

我国规定的为了防止触电事故而由特定电源供电所采用的安全电压系列包括42V、36V、24V、12V、6V 五种。

安全电压应满足以下三个条件：

① 标称电压不超过交流50V、直流120V（欧盟安全标准）。

② 由安全隔离变压器供电。

③ 安全电压电路与供电电路及大地隔离。

根据电流通过人体路径的不同，人体电阻值介于500~1000Ω之间。

在汽车工业中，规定定义了最大接触电压不超过30V。

（2）安全电流　能引起人感觉到的最小电流值称为感知电流，交流大约为1mA，直流大约为5mA；人触电后能自己摆脱的最大电流称为摆脱电流，交流大约为10mA，直流大约为50mA；在较短的时间内危及生命的电流称为致命电流，如100mA 的电流通过人体1s，可足以使人致命，因此致命电流大约为50mA。在有防止触电保护装置的情况下，人体允许通过的电流一般可按30mA 考虑。

根据欧姆定律（$I = U/R$）可以得知流经人体电流的大小与外加电压和人体电阻有关。人体电阻除人的自身电阻外，还应附加上人体以外的衣服、鞋、裤等电阻，虽然人体电阻一般可达5000Ω，但是，影响人体电阻的因素很多，如皮肤潮湿出汗、带有导电性粉尘、加大与带电体的接触面积和压力以及衣服、鞋、袜的潮湿油污等情况，均能使人体电阻降低，所以通常流经人体电流的大小是无法事先计算出来的。因此，为确定安全条件，往往不采用安全电流，而是采用安全电压来进行估算：一般情况下，也就是干燥而触电危险性不大的环境下，安全电压规定为36V，对于潮湿而触电危险性较大的环境（如金属容器、管道内施焊检修),安全电压规定为12V,这样,触电时通过人体的电流,可被限制在较小范围内,可在一定的程度上保障人身安全。

1.3.2 电动汽车电压等级

中华人民共和国国家标准 GB/T 18384.3—2015 电动汽车安全要求第 3 部分:人员触电防护中"4. 电路的电压分级"明确规定:

根据最大工作电压 U,将电气元件或电路分为以下等级,见表 1-2。

表 1-2 电动汽车的工作电压等级划分

电压等级	最大工作电压/V	
	直流	交流
A	$0 < U \leqslant 60$	$0 < U \leqslant 30$
B	$60 < U \leqslant 1500$	$30 < U \leqslant 1000$

本 章 小 结

1. 电路的基本物理量包括电流、电压、电阻,可用万用表测量。
2. 电阻有串联电路和并联电路两种连接方式。
3. 目前主要的发电方式有火力发电、核能发电、风能发电等,电能在传输过程中,先升压,再降压。
4. 纯电动汽车由动力电池、控制器、电机和驱动轴等部分组成,完全是由动力电池提供电力驱动。动力电池按材料来分,可分为铅酸电池、镍镉电池、镍氢电池和锂电池。
5. 按照控制充电速率方式的不同,电动汽车有恒压充电、恒流/恒压充电、脉冲充电等多种充电方式。
6. 电压按照幅值和对人体的伤害程度划分了三个等级:安全电压、低压和高压。

复习思考题

1. 电路由哪几部分组成?各部分作用是什么?
2. 我国有哪几种电能产生方式?各自的优缺点是什么?
3. 电动汽车有哪几种类型?画出纯电动汽车的结构图。
4. 电动汽车无线充电的好处有哪些?有待解决的问题有哪些?
5. 在汽车工业中,安全电压和安全电流是如何规定的?
6. 电动汽车的工作电压等级是如何划分的?

实 训 项 目

实训 1　数字式万用表测量电路基本物理量

一、实训目标

1. 了解数字式万用表的特点和作用。
2. 掌握用万用表测量电压、电流和电阻的操作方法。

二、仪器和设备

FLUKE 数字式万用表 1 块、0~30V 直流电压源 1 只，330Ω、2kΩ 和 100kΩ 电阻各 1 只。

三、万用表使用说明

仪器概述。

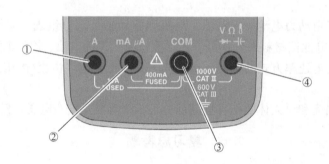

项目	说　明
①	用于交流电和直流电电流测量（最高可测量 10A）和频率测量（17B+/18B+）的输入端子
②	用于交流电和直流电的微安以及毫安测量（最高可测量 400mA）和频率测量（17B+/18B+）的输入端子
③	适用于所有测量的公共（返回）接线端
④	用于电压、电阻、通断性、二极管、电容、频率（17B+/18B+）、占空比（17B+/18B+）、温度（仅限 17B+）和 LED 测量（仅限 18B+）测量的输入端子

显示屏

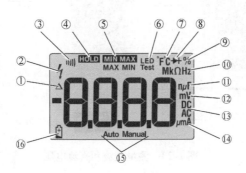

项目	说明	项目	说明
①	已启用相对测量（仅限 17B＋）	⑨	已选中占空比（17B＋/18B＋）
②	高压	⑩	已选中电阻或频率（17B＋/18B＋）
③	已选中通断性	⑪	电容单位法拉
④	已启用"显示保持"	⑫	毫伏或伏特
⑤	已启用最小值或最大值模式（仅限 17B＋）	⑬	直流或交流电压或电流
⑥	已启用 LED 测试（仅限 18B＋）	⑭	微安、毫安或安培
⑦	已选中华氏温标或摄氏温标（仅限 17B＋）	⑮	已启用自动量程或手动量程
⑧	已选中二极管测试	⑯	电池电量不足，应立即更换

1. 测量交流和直流电压

（1）将旋转开关转至 Ṽ、V̄ 或 mV 选择交流电或直流电。

（2）按 ▢ 可以在 mVac 和 mVdc 电压测量之间进行切换。

（3）将红色测试导线连接至 VΩ⇥ 端子，并将黑色测试导线连接至 COM 端子。

（4）用探头接触电路上的正确测试点以测量其电压，如图 1-23 所示。

（5）读取显示屏上测出的电压。

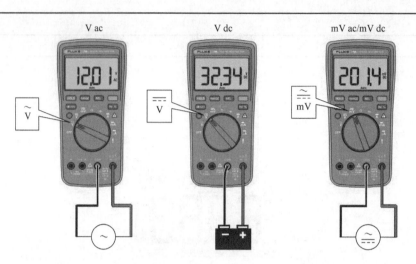

图1-23 测量交流和直流电压

2. 测量交流和直流电流

(1) 将旋转开关转至 $\widetilde{\overline{A}}$，μ 或 $\widetilde{\overline{\mu A}}$。

(2) 按 ☐ 可以在交流和直流电流测量之间进行切换。

(3) 根据要测量的电流将红色测试导线连接至 A 或 mA 端子，并将黑色测试导线连接至 COM 端子，如图1-24所示。

(4) 断开待测试的电路路径，然后将测试导线连接断点并施用电源。

(5) 阅读显示屏上的测出电流。

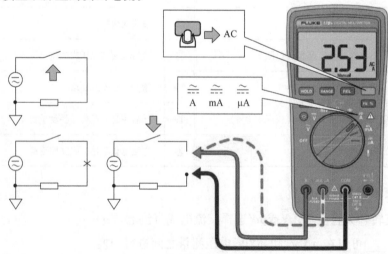

图1-24 测量交流和直流电流

3. 测量电阻

(1) 将旋转开关转至 Ω 确保已切断待测电路的电源。

（2）将红色测试导线连接至 V Ω 端子，并将黑色测试导线连接至 COM 端子，如图 1-25 所示。

（3）将探针接触想要的电路测试点，测量电阻。

（4）阅读显示屏上的测出电阻。

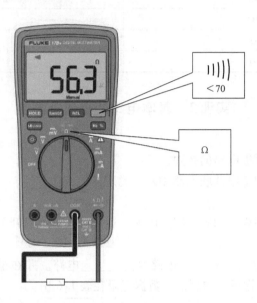

图 1-25　测量电阻

四、实验内容与步骤

1. 电阻测量

测量 330Ω、2kΩ 和 100kΩ 电阻，将数据填入表 1-3。

表 1-3　电阻测量数据

被测量电阻	正确读数
330Ω	
2kΩ	
100kΩ	

2. 直流电源电压的测量

测量电压时，将表置于电压档，将两根表笔按并联的方式与被测电路相接，将测量数据填入表 1-4。

表 1-4　直流电压测量数据

被测量电压	正确读数
5V	
12V	
24V	

3. 电流测量

电压为 12V，电阻为 330Ω、2kΩ 和 100kΩ，将表置于电流档，且必须串联在被测电路中，将数据填至表 1-5。

表 1-5 直流电流测量数据

电阻	正确度数
330Ω	
2kΩ	
100kΩ	

实训 2　基本电路的搭建及测量

一、实训目标

1. 掌握基本串并联等电路的搭建。
2. 掌握用万用表测量串并联电路中基本物理量的方法。

二、仪器和设备

FLUKE 数字式万用表、12V 车用蓄电池，连接线、灯泡、开关等若干。

三、实施

（1）根据图 1-26 搭建电路，此电路是_____电路。并在搭建完毕的电路中对照图中三个测量点进行基本物理量的测量，数据记录在表 1-6 中。

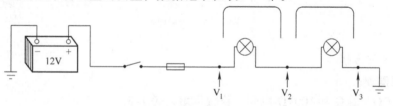

图 1-26　实训 2 电路图（一）

表 1-6　测量数据记录（单位：V、A）

电路类型		
V_1 点	电压	
	电流	
V_2 点	电压	
	电流	
V_3 点	电压	
	电流	
电源	总电压	
	总电流	

（2）根据图 1-27 搭建电路，此电路是_____电路。并在搭建完毕的电路中对照图中五个测量点进行基本物理量的测量，数据记录在表 1-7 中。

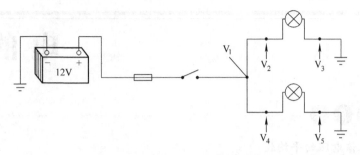

图 1-27　实训 2 电路图（二）

表 1-7　测量数据记录（单位：V、A）

电路类型		
V_1 点	电压	
	电流	
V_2 点	电压	
	电流	
V_3 点	电压	
	电流	
电源	总电压	
	总电流	

第 2 章

电的危害

学习目标

- 熟记人体电阻的平均值；
- 了解皮下的内部电阻；
- 掌握哪些因素影响了人体电阻的大小；
- 掌握人体过电流的分级内容；
- 掌握决定人体过电流所造成危害程度的因素有哪些；
- 熟记电击与电伤；
- 熟记常见的触电形式，掌握防护措施；
- 掌握短路类型及防护措施；
- 了解电磁辐射危害及防护措施；
- 了解电弧现象。

2.1 人体过电电阻与电流

2.1.1 人体各部位的皮肤电阻

人体阻抗不是纯电阻，主要由人体电阻决定。人体电阻也不是一个固定的数值。一般认为干燥的皮肤在低电压下具有相当高的电阻，约 10 万 Ω。当电压在 500~1000V 时，人体电阻便下降为 1000Ω。表皮具有这样高的电阻是因为它没有毛细血管。手指某部位的皮肤还有角质层，角质层的电阻值更高，而不经常摩擦部位的皮肤的电阻值是最小的。皮肤电阻还同人体与带电体的接触面积及压力有关。

人体电阻的大小是影响触电后人体受到伤害程度的重要物理因素。人体电阻由体内电阻和皮肤电阻组成，体内电阻基本稳定，约为 500Ω。接触电压为 220V 时，人体电阻的平均值为 1900Ω；接触电压为 380V 时，人体电阻降为 1200Ω。经过对大量实验数据的分析研究确定，人体电阻的平均值一般为 2000Ω 左右，而在计算和分析时，通常取下限值 1700Ω。

一般在干燥环境中，人体电阻在 2kΩ~20MΩ 范围内；皮肤出汗时，为 1kΩ 左右；皮肤有伤口时，为 800Ω 左右。人体触电时，皮肤与带电体的接触面积越大，人体电阻越小。当人体接触带电体时，人体就被当作一电路元件接入回路。人体阻抗通常包括外部阻抗（与触电当时所穿衣服、鞋袜以及身体的潮湿情况有关，从几千欧到几十兆欧不等）和内部阻抗（与触电者的皮肤阻抗和体内阻抗有关）。

一般认为，接触到真皮里，一只手臂或一条腿的电阻大约为500Ω。因此，由一只手臂到另一只手臂或由一条腿到另一条腿的通路相当于一只1000Ω的电阻。假定一个人用双手紧握带电体，双脚站在水坑里而形成导电回路，这时人体电阻基本上就是体内电阻，约为500Ω，如图2-1所示。

一般情况下，人体电阻可按 1000~2000Ω 考虑，常见测试部位电阻见表2-1。

图2-1 双手通电

表2-1 常见测试部位电阻

测试部位	测试环境		人体电阻/Ω
	相对湿度（%）	温度/℃	
手腕到手腕	82	28	6300
	66	23	14600
手腕到脚踝	82	28.5	7400
	66	23	24500
手腕到大地	湿度较大		6000
	比较干燥		300000

2.1.2 皮下的内部电阻

一般人体的电阻分为皮肤的电阻和内部组织的电阻两部分，由于人体皮肤的角质外层具有一定的绝缘性能，因此，决定人体电阻的主要是皮肤的角质外层。当表皮受损暴露出真皮时，人体内因布满了输送盐溶液的血管而具有很低的电阻，如图2-2所示。

体内电阻基本稳定，约为500Ω。人体内部组织的电阻不稳定，不同的人内部组织的电阻也不同，但有一个共同的特点就是，人体内部组织的电阻与外加的电压大小基本没有关系。

行业规定安全电压不高于36V，持续接触安全电压为24V，安全电流为10mA，人体电阻最大是5000Ω，最小是200Ω，多数决定于环境因素。

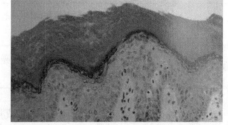

图2-2 人体皮下组织

2.1.3 环境因素对人体电阻的影响

有人认为人体电阻最小时只有几百欧，正常情况下有几千欧，但偶尔电阻较大时也会达到几万欧甚至几十万欧。为什么人体的电阻在不同情况下会有如此大的差别呢？研究表明，一些因素影响了人体电阻的大小。

（1）人的皮肤的干燥程度　当人体在皮肤干燥，且无损伤的情况下，人体的电阻就要比皮肤潮湿时的大些。

(2) 人体两端的电压　人体的电阻事实上可以看出是电解质的电阻,而电解质的电阻会随两端电压的变化而变化,一般来说加在人体两端的电压越大,人体的电阻就越小。如果较大的电压使人体皮肤的角质层被击穿,人体的电阻就会降为几百欧。

(3) 电源的类型　如果加在人体两端的是交流电,相比于在同等电压的直流电,人体的电阻就是显得稍小些。

(4) 电流的大小　一般情况下,通过人体的电流越大,人体电阻就会越小,而通过人体的电流较小时,人体电阻则会比较大。这就是为什么用万用表测出来人体电阻较大的主要原因了。

(5) 其他因素　另外人体电阻大小还与人的年龄、健康状况(包括皮肤是否有损伤)、情绪、通电时间等诸多因素有关。当然也有 36V 的电压而致人于死命的报道。

表 2-2 是毕格麦亚(G. Biegelmeier)分析研究所得的数据,显示了通电时间不同对人体的损伤明显不同。

表 2-2　触电电流对人体的影响

电流/mA	作用的特征	
	50～60Hz 交流	直流
0.6～1.5	开始有感觉——手轻微颤抖	没有感觉
2～3	手指强烈颤抖	没有感觉
5～7	手部痉挛	感觉痒和热
8～10	手已难于摆脱带电体,但还能摆脱。手指尖部到手腕剧痛	热感觉增加
20～25	手迅速麻痹,不能摆脱带电体。剧痛,呼吸困难	热感觉大大加强。手部肌肉收缩
50～80	呼吸麻痹,心室开始颤动	强烈热感觉的热感觉。手部肌肉收缩,痉挛,呼吸困难
90～100	呼吸麻痹,延续 3s 或更长时间,则心脏麻痹,心室颤动	
300 及以上	作用 0.1s 以上时,呼吸和心脏麻痹,机体组织遭到电流的热破坏	

从表格中可以看出对人体生命构成威胁的 8～10mA 电流是 50～60Hz 的交流电,而如果是 8～10mA 的直流电,对人而言是不会有生命危险的。

人体电阻会受到很多因素的影响,它并没有一个确定的值。

2.1.4　人体通过电流的分级

对于工频交流电,按照通过人体的电流大小而使人体呈现不同的状态,可将电流划分为三级,如图 2-3 所示。

(1) 感知电流　引起人的感觉的最小电流。人接触这样的电流会有轻微麻痹。实验表明,成年男性平均感知电流有效值为 1.1mA；成年女性

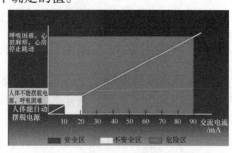

图 2-3　电流对人体的伤害程度

约为 0.7mA。

感知电流一般不会对人造成伤害，但是接触时间长，表皮被电解而电流增大时，感觉增强，反应变大，可能造成坠落等间接事故。

（2）摆脱电流　电流超过感知电流并不断增大时，触电者会因肌肉收缩，发生痉挛而紧握带电体，不能自行摆脱电源。人触电后能自行摆脱电源的最大电流称为摆脱电流。一般成年男性平均摆脱电流为 16mA，成年女性约为 10.5mA，儿童较成年人小。

摆脱电流是人体可以忍受而一般不会造成危险的电流。若通过人体的电流超过摆脱电流且时间过长，会造成昏迷、窒息，甚至死亡。因此，人摆脱电流的能力随着触电时间的延长而降低。

（3）致命电流　在较短时间内危及生命的电流为致命电流。电流达到 50mA 以上，就会引起心室颤动，有生命危险，100mA 以上的电流，则足以致死。而接触 30mA 以下的电流通常不会有生命危险。

2.1.5　决定人体通过电流所造成危害程度的因素

电流通过人体后，能使肌肉收缩产生运动、造成机体损伤。电流产生的热效应和化学效应可引起一系列急骤的病理变化，使机体遭受严重的损害。特别是电流流经心脏，对心脏的损害极为严重。极小的电流可引起心室纤维性颤动，导致死亡。电击伤对人体的伤害程度与电流的种类、大小、途径、接触部位、持续时间、人体健康状态、精神状态等都有关系。

1）通过人体的电流越大，对人体的影响也越大；因此接触的电压越高，对人体的损伤也就越大。

电流通过人体所产生的热效应和化学效应与电流强度成正比关系。几十微安的电流可以丝毫感觉不到，而几十毫安的电流可引起生命危险。从欧姆定律可知，当人体触及较高电压的带电体时，流过人体的电流也较大，因而受到的损伤也就严重。一般将 36V 以下的电压作为安全电压，但在特别潮湿的环境中即使接触 36V 的电源也有生命危险，所以在这种场所，要用 12V 安全电压或更低的电压。

2）交流电对人体的损害作用比直流电大，不同频率的交流电对人体影响也不同。

人体对工频交流电要比直流电敏感得多。接触直流电时，其强度 250mA 有时也不引起特殊的损伤，而接触 50Hz 交流电时只要有 50mA 的电流通过人体，如持续数十秒，便可引起心脏心室纤维性颤动，而导致死亡，见表 2-2。

交流电中 28~300Hz 的电流对人体损害最大，极易引起心室纤维性颤动。20000Hz 以上的交流电流对人体影响较小，故可用来作为理疗之用。我们平时采用的工频交流电源为 50Hz，以设计电气设备角度考虑是比较合理的，然而 50Hz 的电流对人体损害是较严重的，故一定要提高警惕，搞好安全用电工作。

3）电流持续时间与损伤程度有密切关系。

通电时间短，对机体的影响小，通电时间长，对机体损伤就大，危险性也增大。特别是电流持续流过人体的时间超过人的心脏搏动周期时，这对心脏的威胁很大，极易产生心室纤维性颤动。如表 2-2、表 2-3 所示，在零和从 A1 和 A3 的电流范围内，一般可以认为不致产生后遗症的区域。在 B1 范围内通电时间在心脏搏动周期下就不致发生心室颤动的危险，而在 B2 范围内即使在搏动周期以下也有危险，故极易发生死亡事故。

4）通过人体的电流途径不同时，对人体的伤害情况也不同。

通过心脏、肺和中枢神经系统的电流强度越大，其后果也就越严重。由于身体的不同部位触及带电体，所以通过人体的电流途径均不相同。因此流经身体各部分的电流强度也不同，对人体的损害程度也不一样。所以通过人体的总电流，强度虽然相等，但电流途径不同其后果也不相同。表2-4、表2-5是奥西普卡对50个健康男子所作试验的情况。从表可知不同的电流途径时，人体的感觉与反应均不相同。

表2-3 通电电流对人体的伤害

电流范围	50周/秒电流有效值/mA	通电时间	人体的生理反应
0	0~0.5	连续也无危险	未感到电流
A1	0.5~5（摆脱极限）	连续也无危险	开始感到有电流，但未到痉挛的极限，可以摆脱电流范围（触电后，能自动地摆脱，但手指、手腕等处已有痛感）
A2	5~30	以数分钟为极限	不能摆脱的电流范围（由于痉挛已不能摆脱接角状态），呼吸困难，血压升高，但仍属可忍耐的极限
A3	30~50	由数秒到数分钟	心脏跳动不规律，昏迷，血压升高引起强烈痉挛，长时间将要引起心室颤动
B1	50~几百	低于心脏搏动周期	虽受强烈冲击，但未发生心室颤动
		超过心脏搏动周期	发生心室颤动、昏迷、接触部位留有通过电流痕迹（搏动周期相位与开始触电时刻无特别关系）
B2	超过几百	低于心脏搏动周期	即使低于搏动周期的通电时间，如在特定的搏动相位开始触电时，要发生心室颤动、昏迷、接触部位留有通过电流痕迹
		超过心脏搏动周期	未引起心室颤动，将引起恢复性心脏停跳，昏迷，有烧伤死亡的可能性

5）电流对心脏影响最大，常会产生心室纤维颤动，导致死亡。发生触电事故时造成触电死亡的原因比较多，但常常由于心颤动而死亡，如图2-4所示。

生物体的细胞在进行活动时，会产生生物电现象。人体器官活动时，均受到生物电流的控制。人体的心脏是一个使血液在身体里进行循环的泵，它把养料和氧气送到身体各部分组织内，供它们代谢之需，维持人体的生命。心脏的工作不需要接受大脑的信息，大脑可影响心脏的活动，但不

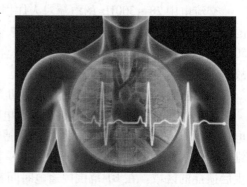

图2-4 正常心脏搏动

起根本性的影响，许多人身上植入起搏器后，照样很好地生活，充分说明了这一点。

心脏由一些特殊的肌肉组成。电信息在心肌的细胞中传递，使心肌能协调地顺序动作，心肌规律性地收缩和舒张，使心脏产生了泵的作用。如果心肌细胞收缩顺序受到通过心脏的电流干涉，那么心脏协调的顺序动作就会丧失，这种情况便称为心室纤维性颤动。心脏发生颤动时无血搏出，如不立即抢救，人体就会很快死亡。引起心室纤维性颤动的通过心脏电流有人已证明可以低达 20mA，对患有某些疾病的病人，还可能大大地低于此值。

表 2-4　50 周/秒交流电感应度的测试结果（电流途径 1）

感应度	被试者的比率		
	5%	50%	95%
手表面有感觉	0.7	1.2	1.7
手表面似乎有麻痹似的连续针刺感	1.0	2.0	3.0
手关节有连续针刺感	1.5	2.5	3.5
手有轻度颤动，关节有受压迫感	2.0	3.2	4.4
前肢部有受手拷压迫似的轻度痉挛	2.5	4.0	5.5
上肢部有轻度痉挛	3.2	5.2	7.2
手硬有痉挛，但能伸开，已感到有轻度疼痛	4.2	6.2	8.2
上肢部，手有剧烈痉挛，失去感觉，手的前面有连续针刺感	4.3	6.6	8.9
手的肌肉直到肩部全面痉挛，还可能摆脱（摆脱电流极限）	7.0	11.0	15.0

注：电流通路为手——躯干——手，交流有效值单位为 mA。

表 2-5　50 周/秒交流电感应度的测试结果（电流途径 2）

感应度	被试者的比率		
	5%	50%	95%
手表面有感觉	0.9	2.2	3.5
手表面似乎有麻痹似的连续针刺感	1.8	3.4	5.0
关节有轻度压迫感，有强度的连续针刺感	2.9	4.8	6.7
前肢部有压迫感	4.0	6.0	8.0
脚底下开始有连续针刺感，前肢部有压迫感	5.3	7.6	10.0
手关节有轻度痉挛，手动作困难	5.5	8.5	11.5
上肢部有连续针刺感，腕部，特别是手关节有强度痉挛	6.5	9.5	12.5
直到肩部有强度连续针刺感，前肢到肘部硬直，仍可能摆脱	7.5	11.0	14.5
手指关节、踝骨、脚跟有压迫感，手的大拇指完全痉挛	8.8	12.3	15.8
只有尽最大努力才可能摆脱（摆脱电流极限）	10.0	14.0	18.0

注：电流通路为单手——躯干——两脚，交流有效值单位为 mA。

2.2　触电危害

触电是人体触及带电体、带电体与人体之间电弧放电时，电流经过人体流入大地或是进入其他导体构成回路的现象。触电事故时常发生，产生的危害也有很多。触电事故基本分类如图 2-5 所示。

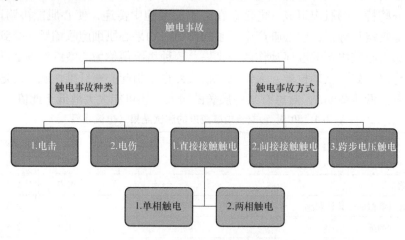

图 2-5　触电事故基本分类

2.2.1　电击与电伤

电击是由于电流通过人体时造成的内部器官在生理上的反应和病变，如破坏人的心脏、神经系统、肺部的正常工作造成的伤害。电击对人体的危害程度，主要取决于通过人体电流的大小和通电时间长短。随着电流的大小不同，人体的反应也不同，如针刺感、击痛感、昏迷、心室颤动、呼吸困难或停止现象。由于人体触及带电的导线、漏电设备的外壳或其他带电体，以及由于雷击或电容放电，都可能导致电击，如图 2-6 所示。

电伤是电流的热效应、化学效应或机械效应对人体造成的局部伤害，包括电弧烧伤、烫伤、电烙印、皮肤金属化、电气机械性伤害、电光眼等不同形式的伤害，如图 2-7 所示。

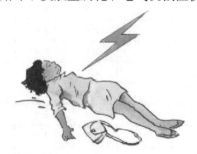

图 2-6　雷击事故

图 2-7　电弧烧伤

电击和电伤会引起人体的一系列生理反应。电流通过人体，会引起麻感、针刺感、压迫感、打击感、痉挛、疼痛、呼吸困难、血压升高、昏迷、心律不齐、心室颤动等症状。电流对人体的作用主要表现为生物学效应，包括复杂的理化过程。电流的生物学效应表现为使人体产生刺激和兴奋行为，使人体活的组织发生变异，从一种状态变为另外一种状态。电流通过肌肉组织，引起肌肉收缩。电流对肌体除直接起作用外，还可能通过中枢神经系统起作用。由于电流引起细胞运动，产生脉冲形式的神经兴奋波，当这种兴奋波迅速地传到中枢神经系统时，中枢神经系统即发生不同的指令，使人体各部作出相应的反应。因此，当人体触及带电体时，有些没有电流通过的部分也可能受到刺激，发生强烈的反应。

而且，当中枢神经得到的兴奋波很强烈时，人体可能出现不适当的反应，重要器官的工作可能受到破坏。在活的肌体上，特别是肌肉和神经系统，有微弱的生物电存在。如果引入局外电源，微弱的生物电的正常工作规律将被破坏，人体也将受到不同程度的伤害。电流通过人体还有热作用。电流经过血管、神经、心脏、大脑等器官，可使其热量增加而导致功能障碍。电流通过人体，还会引起肌体内液体物质发生离解、分解而导致破坏。电流通过人体，还会使肌体各种组织产生蒸汽，乃至发生剥离、断裂等严重破坏。

2.2.2 触电方式

触电方式主要有直接和间接触电，通常跨步电压触电属于间接接触触电。同时还有其他一些方式的触电，如雷电、感应电等。

1. 直接触电

直接触电是指人体直接接触正常工作时的带电体而发生的触电，除了隔离和加强绝缘外，一般来说较难进行其他保护，特别是两相触电更是几乎不可能进行保护，如图 2-8 所示。

直接接触电击：直接接触电击是触及设备和线路正常运行时的带电体发生的电击（如误触接线端子发生的电击），也称为正常状态下的电击。

(1) 直接接触触电的分类　直接触电通常分为单相触电和两相触电。

单相触电是指当人站在地面上，人体的某一部位触到某相线而发生的触电现象。在低压供电系统中发生单相触电，人体所承受的电压几乎就是电源的相电压 220V。

两相触电指人体同时接触设备或线路中的两相导体而发生的触电现象。若人体触及一相线、

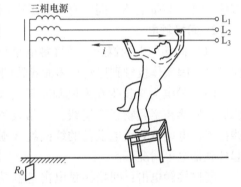

图 2-8　两相直接触电

一零线，人体承受的电压为 220V；若人体触及两根相线，则人体承受的电压为线电压 380V。两相触电对人体的危害更大。

(2) 直接接触触电的特点　直接接触触电有以下特点：

① 人体的接触电压就是全部工作电压。

② 电路中的故障电流就是人体的触电电流。

直接接触时，通过人体的电流较大，危险性也较大，往往导致触电伤亡事故。因此，应想方设法防止直接接触触电。

(3) 造成直接接触触电的原因及防护措施　除了误触电气设备的带电部分外，已停电的设备突然来电，也是造成直接触电的主要原因。尤其在停电检修时，由于作业人员心理准备不足，一旦停电后设备突然来电，就可能造成群伤事故。因此，即使在停电检修时，作业人员也必须清楚地认识到，已停电的设备有突然来电的危险。应认真采取预防措施，并做好个人的防护工作。

直接接触触电的防护措施主要有以下几种：

① 远离（间距）防护。

② 屏护（障碍）防护。
③ 绝缘防护。
④ 采用安全特低电压。
⑤ 装漏电保护装置（如剩余电流动作保护器或漏电开关等）。
⑥ 电气连锁防护。
⑦ 限制能耗防护。

（4）基本防护措施　为了防止人体触及或过分接近带电体，或防止车辆和其他物体碰撞带电体，以及避免发生各种短路、火灾和爆炸事故，在人体与带电体之间、带电体与地面之间、带电体与带电体之间、带电体与其他物体和设施之间，都必须保持一定的距离，这种距离称为电气安全距离。电气安全距离的大小，应符合有关电气安全规程的规定。

在实际中，通常要进行安全距离防护，采取必要措施，使人体与带电体之间保持一定的距离（即安全距离），以防止人体偶然触及或过分接近带电体而触电。

在具体条件下，确定防护间距的大小，应考虑日常工作或生活的安全需要。如在有人经常工作或经常停留的场所，应将带电体装在伸臂范围以外，而且伸臂时手臂的最外点（伸直的手指）与带电体之间应有一定距离。如果作业中使用长而大的工具，间距应适当加大。

2. 间接触电

（1）间接触电的概念　间接触电是指由于绝缘损坏导致碰壳故障，使本来不带电的物体带电，因人体接触到这些物体而导致的触电，如图2-9所示。

间接触电大都发生在大风刮断架空线或接户线后，搭落在金属物或广播线上，相线和电杆拉线搭连，电动机等用电设备的线圈绝缘损坏而引起外壳带电等情况下。

间接接触电击：间接接触电击是触及正常状态下不带电，而当设备或线路故障时意外带电的导体发生的电击（如触及漏电设备的外壳发生的电击），也称为故障状态下的电击。

（2）间接触电的防护　间接接触电防护措施有以下几种：

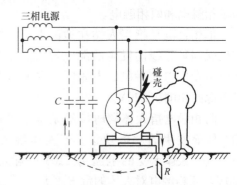

图2-9　装有保护接地的电动机一相碰壳情况

① 自动切断供电电源（接地故障保护）。
② 采用双重绝缘或加强绝缘的电气设备（即Ⅱ级电工产品）。
③ 将有触电危险的场所绝缘，构成不导电环境。
④ 采用不接地的局部等电位连接保护，或采取等电位均压措施。

3. 静电

（1）简介　静电是一种处于静止状态的电荷。在干燥和多风的秋天，在日常生活中，人们常常会碰到这种现象：晚上脱衣服睡觉时，黑暗中常听到"噼啪"的声响，而且伴有蓝光；见面握手时，手指刚一接触到对方，会突然感到指尖针刺般刺痛，令人大惊失色；早上起来梳头时，头发会经常"飘"起来，越理越乱；拉门把手、开水龙头时都会"触电"，时常发出"啪、啪、啪"的声响，这就是发生在人体的静电，如图2-10所示。

静电是通过摩擦引起电荷的重新分布而形成的，也有由于电荷的相互吸引引起电荷的重新分布形成。

（2）危害　静电的危害很多，它的第一种危害来源于带电体的互相作用。在印刷厂，纸页之间的静电会使纸页粘合在一起，难以分开，给印刷带来麻烦；在制药厂，由于静电吸引尘埃，会使药品达不到标准的纯度；在放电视时荧屏表面的静电容易吸附灰尘和油污，形成一层尘埃的薄膜，使图像的清晰程度和亮度降低；在混纺衣服上常见而又不易拍掉的灰尘，也是静电捣的鬼。

静电的第二大危害，是有可能因静电火花点燃某些易燃物体而发生爆炸。漆黑的夜晚，人们脱尼龙、毛料衣服时，会发出火花和"叭叭"的响声，这对人体基本无害。但在手术台上，电火花会引起麻醉剂的爆炸，伤害医生和病人；在煤矿，则会引起瓦斯爆炸，会导致工人死伤，矿井报废。总之，静电危害起因于用静电火花，静电危害中最严重的是静电放电引起可燃物的起火和爆炸。

（3）日常生活中防静电　人们常说，防患于未然，防止产生静电的措施最简单又最可靠的办法是用导线把设备接地，这样可以把电荷引入大地，避免静电积累。我们经常看到油罐车的尾部拖一条铁链，这就是车的接地线。适当增加工作环境的湿度，让电荷随时放出，也可以有效地消除静电。清洗电视屏幕可消除静电影响，如图2-11所示。

图2-10　常见静电

图2-11　消除静电影响

在房屋内，地毯与鞋底摩擦后可能产生静电，在屋外也可能由于刮风导致身上带电。这时进出要碰铁门时小心，手可能挨电打。反复遇到这样的情况后，可采取如下办法避免电击：在碰铁门时，不要直接用手直接接触铁门，而是用手先大面积抓紧一串钥匙，然后，用一个钥匙的尖端去接触铁门，这样，身上的电就会被放掉，而且不会遭电击。

原理：手上放电的疼痛是由于高压放电，由于放电时手与铁门突然接触时是极小面积的接触，因而产生瞬间高压。如果拿出来口袋里的钥匙，先大面积握住钥匙（一串钥匙本身不能传走多少电荷因而这时也不会有电击），再用一把钥匙的尖端去接触大的导体，这时，放电的接触点就不是手皮肤上的某个点，而是钥匙尖端，因此手不会感到疼痛。

4. 感应电

（1）简介　感应电为导电设备外部带的一种电。一般研究表明，人体对高压电场下的静电感应电流的反应更加灵敏，0.1~0.2mA的感应电流通过人体时，即使未触及被感应物体,人也会有明显的针刺感。

一般来说,感应电对人体没有危害,但对于比较敏感的电子设备影响较大,比如心脏起搏器等,因此装备此类仪器的人一定要注意。

(2) 日常生活中防感应电　人们往往存在这样一种意识:只有接触到高压线路才会触电,因而对高压输电线路附近没有接触高压线却发生了触电事故的现象迷惑不解。这实际上是一种认识误区。因为在高压输电线和高压配电装置周围存在着强大的电场,处在此电场内的导体会因静电感应作用而出现感应电压,当人们触及这些带有感应电压的物体时,就会有感应电流通过人体流向大地而使人受到电伤害。

因此,大家在下雨天尽量使用没有金属部件的雨伞。如果雨伞有金属部件,当打伞路过高压线下时,千万别碰雨伞金属部件,以免发生"麻电"情况。离开线路区域后,也别急着碰金属部分最好先让雨伞金属部分和地面接触一下,再用手触摸。平日里,路过高压线路下时,也最好别举金属物品。

5. 雷电

(1) 简介　雷电是伴有闪电和雷鸣的一种雄伟壮观而又有点令人生畏的放电现象。闪电的的平均电流是3万A,最大电流可达30万A。闪电的电压很高,为1亿~10亿V。一个中等强度雷暴的功率可达1000万W,相当于一座小型核电站的输出功率。放电过程中,由于闪电通道中温度骤增,使空气体积急剧膨胀,从而产生冲击波,导致强烈的雷鸣。带有电荷的雷云与地面的突起物接近时,它们之间就发生激烈的放电。在雷电放电地点会出现强烈的闪光和爆炸的轰鸣声。这就是人们见到和听到的闪电雷鸣,如图2-12所示。

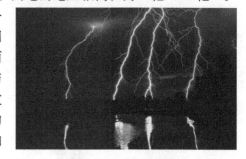

图2-12　雷电现象

(2) 危害　闪电的受害者有2/3以上是在户外受到袭击,受害者以在树下避雷雨的最多。雷电对人体的伤害,有电流的直接作用和超压或动力作用,以及高温作用。当人遭受雷击的一瞬间,电流迅速通过人体,重者可导致心跳、呼吸停止,脑组织缺氧而死亡。另外,雷击时产生的火花,也会造成不同程度的皮肤烧灼伤。雷电击伤,亦可使人体出现树枝状雷击纹,表皮剥脱,皮内出血,也能造成耳鼓膜或内脏破裂等。

(3) 雷击易发生的部位　雷电发生时产生的雷电流是主要的破坏源,其危害有直接雷击、感应雷击和由架空线引导的侵入雷。如各种照明、电信等设施使用的架空线都可能把雷电引入室内,所以应严加防范。常见预防雷电的方法有:

① 注意关闭门窗,室内人员应远离门窗、水管、煤气管等金属物体。

② 关闭家用电器,拔掉电源插头,防止雷电从电源线入侵。

③ 在室外时,要及时躲避,不要在空旷的野外停留。在空旷的野外无处躲避时,应尽量寻找低洼之处(如土坑)藏身,或者立即下蹲,降低身体高度。

④ 远离孤立的大树、高塔、电线杆、广告牌。

⑤ 立即停止室外游泳、划船、钓鱼等水上活动。

⑥ 如多人共处室外,相互之间不要挤靠,以防雷击中后电流互相传导。

6. 剩余电荷

电气设备的相间绝缘和对地绝缘都存在电容效应。由于电容器具有储存电荷的性能，因此在刚断开电源的停电设备上，都会保留一定量的电荷，称为剩余电荷。如此时有人触及停电设备，就可能遭受剩余电荷电击。另外，如大容量电力设备和电力电缆、并联电容器等在遥测绝缘电阻后或耐压试验后都会有剩余电荷的存在。设备容量越大、电缆线路越长，这种剩余电荷的积累电压越高。因此，在遥测绝缘电阻或耐压试验工作结束后，必须注意充分放电，以防剩余电荷电击。

2.2.3 短路危害

短路是指电路或电路中的一部分被短接，短路时电源提供的电流将比通路时提供的电流大得多，一般情况下不允许短路，如果短路，严重时会烧坏电源或设备。

1. 常见类型

（1）电源短路 如图 2-13 所示，电流不经过任何用电器，直接由正极经过导线流回负极，特别容易烧坏电源。根据欧姆定律 $I = U/R$ 知道，由于导线的电阻很小，电源短路时电路上的电流会非常大。这样大的电流，电池或者其他电源都不能承受，会造成电源损坏；更为严重的是，因为电流太大，会使导线的温度升高，严重时有可能造成火灾。

（2）用电器短路 用电器短路又称部分电路短路，即一根导线接在用电器的两端，如图 2-14 所示，容易产生烧毁其他用电器的情况。

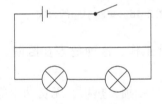
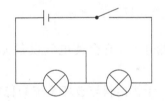

图 2-13 电源短路　　　　　　图 2-14 用电器短路

2. 短路原因

（1）元件损坏 短路往往是由于绝缘损坏或接线不慎所引起的。例如设备绝缘材料老化，设计、制造、安装、维护不良等造成的设备缺陷发展成为短路，如图 2-15 所示。

（2）气象条件影响 例如雷击过后造成的闪烁放电，由于风灾引起架空线断线和导线覆冰引起电线杆倒塌等，如图 2-16 所示。

图 2-15 线路损坏引起短路　　　　　　图 2-16 导线覆冰引起电线杆倒塌

(3) 人为因素　例如在雨季，未查明前方水情，冒险涉水，导致电路短路，如图2-17所示。

3. 短路后果

(1) 产生大电流　短路有时会产生大电流，因此会产生大量的热量，损毁设备，电弧会将许多元件短时间融化，如图2-18所示。

图2-17　进水短路

图2-18　短路引起的火灾

(2) 造成低电压　它会使电气设备无法正常工作。这种危害在医院、矿山中会引起危险。

(3) 其他　干扰抑制与破坏系统的稳定运行，线损、热损、无功功率等增大，影响通信等，如图2-19所示。

4. 防护措施

经常检查电气设备和线路的绝缘情况是一项很重要的安全措施。此外，为了防止短路事故所引起的后果，通常在电路中接入熔断器或空气断路器，以便短路发生时，能迅速将故障电路自动切除，如图2-20所示。

图2-19　测试通信情况

图2-20　汽车熔断器（熔丝盒）

2.2.4 电磁辐射

电磁辐射又称电子烟雾，是由空间共同移送的电能量和磁能量所组成，而该能量是由电荷移动所产生。例如，正在发射信号的射频天线所发出的移动电荷，便会产生电磁能量。

1. 基本原理

电场和磁场的交互变化产生了电磁波，电磁波向空中发射或泄漏的现象，称为电磁辐射。电磁辐射是一种看不见、摸不着的场。人类生存的地球本身就是一个大磁场，它表面的热辐射和雷电都可产生电磁辐射，太阳及其他星球也从外层空间源源不断地产生电磁辐射。围绕在人类身边的天然磁场、太阳光、家用电器等都会发出强度不同的辐射，如图2-21所示。

电磁辐射分两个级别，工频段辐射、射频电磁波。工频段国家标准电场强度为4000V/m，磁感应强度为0.1mT；射频电磁波的单位是$\mu W/cm^2$，国家标准限值为40，对于一般公众取值为20%。

2. 常见类型

所谓的电磁辐射就是能量以电磁波形式发射到空间的现象。电流在导体内的流动会产生电场，电流在导体内变化会产生磁场，因此辐射出去的称为电磁波。稳恒

图2-21 常见人造电磁辐射装置

的直流电由于只产生电场不产生交变磁场，即使是超高压直流电，它也只是电场强到使空气电离而发光，此时的光辐射是空气电离发出的，并不是导线，不产生电磁波。

3. 电动汽车的电磁辐射

坐在电动汽车内会受到电磁辐射的影响吗？对于这个问题，可采用来自意大利Narda的电磁场强测量仪来进行实验，如图2-22所示。

经过测量，车内的电磁辐射的确存在，而且各个角落辐射值相差较大，辐射值最高的地方一般是中控台的触摸屏，如图2-23所示，为安全限值的3%。

图2-22 电磁场强测量仪

图2-23 电磁场强测量仪在车内测试

如图2-24所示，电机机舱内部辐射值仅为安全值的2%，几乎可以忽略不计。事实上，经过工程师们的努力，如今坐在电动汽车内受到的电磁辐射同普通汽车已经没有区别。

2.2.5 电弧危害

电弧是一种气体放电现象,是电流通过某些绝缘介质(例如空气)所产生的瞬间火花。电弧是一种自持气体导电(电离气体中的电传导),其大多数载流子为一次电子发射所产生的电子。触头金属表面因一次电子发射(热离子发射、场致发射或光电发射)导致电子逸出,间隙中气体原子或分子会因电离(碰撞电离、光电离和热电离)而产生电子和离子,如图 2-25 所示。

图 2-24 电磁场强测量仪在电机机舱内部测试

图 2-25 电弧现象

开关电器的基本功能就是能够在所要求的短时间内分合电路,即起所谓开关的作用,如图2-26所示。机械式开关设备是用触头来开断电路电流的,在大气中开断电路时,只要电压超过12V,被开断的电流超过0.25A,在触头间隙(也称弧隙)中通常产生一团温度极高、发出强光且能够导电的近似圆柱形的气体,这就是电弧。一直到电弧熄灭,触头间隙成为绝缘介质后,电流才被开断。发生在开关设备中的电弧简称为开关电弧。

图 2-26 开关电器

1. 开关电弧

开关电弧的主要外部特征有:

(1)电弧是强功率的放电现象 在有的开关中,电弧燃烧时间比正常情况只多一二十毫秒,开关就会出现严重烧损甚至爆炸。在用灭弧能力很弱的隔离开关开断负荷电路时(属于误操作),电弧能使操作者大面积烧伤。

(2)电弧是一种自持放电现象 不用很高的电压就能维持相当长的电弧稳定燃烧而不熄灭。

(3)电弧是等离子体,质量极轻、极容易改变形状 电弧区内气体的流动,包括自然对流以及外界甚至电弧电流本身产生的磁场都会使电弧受力,改变形状,有的时候运动速度可达每秒几百米。设计人员可以利用这一特点来快速熄弧并预防电弧的不利影响及破坏作用。

2. 灭弧室

在电力系统中,开关分断电路时会出现电弧放电。为此,专门设计出各种各样的灭弧室。灭弧室的基本类型有：

1）采用六氟化硫、真空和油等介质。
2）采用气吹、磁吹等方式快速从电弧中导出能量。
3）迅速拉长电弧等。直流电弧要比交流电弧难以熄灭。

电弧放电可用于焊接、冶炼、照明、喷涂等。这些场合主要是利用电弧的高温、高能量密度、易控制等特点。在这些应用中，都需使电弧稳定放电。目前的电子产品，如等离子电视、等离子显示器的显示原理也是依赖电弧放电。

电弧不单单只是对人有坏处，某些大型舞台的灯光师利用电弧放电原理而制造成七彩斑斓的电弧花，以装饰舞台。

本 章 小 结

1. 经过对大量实验数据的分析研究确定，人体电阻的平均值一般为2000Ω左右，而在计算和分析时，通常取下限值1700Ω。

2. 人的安全电压是36V，安全电流是0.1A，人体电阻最大是5000Ω，最小是200Ω，多数决定于环境因素。

3. 在皮肤干燥，且无损伤的情况下，人体的电阻就要比皮肤潮湿时的大些。

4. 对于工频交流电，按照通过人体的电流大小而使人体呈现不同的状态，可将电流划分为三级。

5. 通过人体的电流越大，对人体的影响也越大；因此接触的电压越高，对人体的损伤也就越大。

6. 直接触电是指人体直接接触正常工作时的带电体而发生的触电，除了隔离和加强绝缘外一般来说较难进行其他保护。

7. 间接触电是指由于绝缘损坏导致碰壳故障，使本来不带电的物体带电，因人体接触到这些物体而导致的触电。

8. 静电的危害包括可能因静电火花点燃某些易燃物体而发生爆炸。

9. 短路是指电路或电路中的一部分被短接，短路时电源提供的电流将比通路时提供的电流大得多，一般情况下不允许短路，如果短路，严重时会烧坏电源或设备。

10. 所谓的电磁辐射就是能量以电磁波形式发射到空间的现象。

复习思考题

1. 哪些因素影响了人体电阻的大小？
2. 什么是感知电流、摆脱电流、致命电流？
3. 电击伤对人体的伤害程度与电流的哪些因素有关？
4. 直接接触触电的防护措施主要有哪几种？
5. 间接触电防护措施有哪几种？
6. 静电的危害有哪些？
7. 常见预防雷电的方法有哪些？
8. 常见的短路类型有哪些？
9. 短路的后果有哪些？

实 训 项 目

实训 3　数字式万用表测量人体电阻

一、实训目标

1. 了解数字式万用表的特点和作用。
2. 掌握用万用表测人体在不同环境下不同电阻的操作方法。

二、仪器和设备

FLUKE 数字式万用表 1 块、洗手盆。

三、实验内容与步骤

1. 同一年龄不同体重的电阻测量（手腕到手腕）

测量体重为 60kg、70kg 和 80kg 的同学电阻，将数据填入表 2-6。

表 2-6　电阻测量数据

被测量体重/kg	状态	
	干燥	湿润
60		
70		
80		

2. 同一体重不同情绪下的电阻测量

测量 60kg 的同学在不同情绪下的电阻，将数据填入表 2-7。

表 2-7　电阻测量数据

被测人	情绪	
	兴奋	平静
一		
二		
三		

实训 4　数字式万用表检测短路故障

一、实训目标

1. 了解数字式万用表的特点和作用。
2. 掌握用万用表测量电压、电流和电阻的操作方法。

二、仪器和设备

FLUKE 数字式万用表 1 块、电动汽车、跨接线。

三、常见诊断方法

1. 直观诊断法

电动汽车电路发生短路故障时，有时会出现冒烟、火花、异响、焦臭、发热等异常现象。这些现象可通过人的眼、耳、鼻、身感觉到，从而可以直接判断出故障所在部位。

例如，电动汽车行驶中，突然发现转向灯与转向指示灯均不亮。用手一摸，发现闪光器发热烫手，说明闪光器已被烧坏。

2. 断路法

电动汽车电路设备发生短路（搭铁）故障时，可用断路法判断，即将被怀疑有搭铁故障的电路段断路后，根据电气设备中搭铁故障是否还存在，判断电路搭铁的部位和原因。

如电动汽车行驶时，听到电喇叭长鸣，则可以将继电器"按钮"接线柱上的导线拆开。此时电喇叭停鸣，则说明喇叭按钮至继电器这段电路中有短路现象。

3. 短路法

电动汽车电路中出现断路故障，还可以用短路法判断，即将被怀疑有断路故障的电路短接，观察仪表指针变化或电气设备工作状况，从而判断出该电路中是否存在断路故障。

例如，怀疑电动汽车电路中的各种开关有故障，可以用导线将开关短接来判断开关是好是坏。

4. 仪表法

观察电动汽车仪表板上的电流、电压等的指示情况，判断电路中有无故障。

例如，接通起动开关时，电压表指示满刻度位置不动，说明电压表传感器有故障或该线路有搭铁。

5. 仪器法

随着电动汽车电气设备的日趋复杂，在维修中，特别是维修装置电子设备较多的车辆，使用一些专用的仪器是十分必要的。

四、实验内容与步骤

1. 车内检查

观察车内线束和插接件，及时处理有磨损的线束和松动的插接件，如图 2-27 所示，将数据填入表 2-8。

图 2-27　车内检查

表 2-8　车内检查汇总表

故障线束和插接件	处理方法

2. 利用万用表判断典型部件的电阻

通过插拔喇叭继电器（图 2-28），判断是否发生短路现象。根据图 2-29 所示的接线图，用万用表测试继电器线圈的电阻，从而判断故障位置，进行更换。将测量数据填入表 2-9。

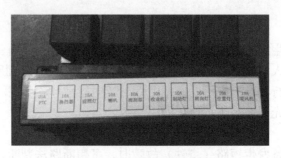

图 2-28　继电器线盒

图 2-29　继电器接线图及内部结构

表 2-9　喇叭继电器测试结果

被测位置	电阻	
	正常值	异常值
85 – 86		
30 – 87		

第 3 章

触 电 急 救

学习目标

- 了解触电急救的基本原则和基本方法;
- 学会处理简单的外伤和出血;
- 学会口对口(鼻)人工呼吸的操作要领;
- 学会急救过程中胸外挤压的操作要领。

人身直接接触电源称为触电(electric shock)。人体能感知的触电跟电压、时间、电流、电流通道、频率等因素有关。譬如人手能感知的最低直流为 5~10mA,对 60Hz 交流的感知电流为 1~10mA。随着交流频率的提高,人体对其感知敏感度下降,当电流频率高达 15~20kHz 时,人体无法感知电流。

3.1 触电急救的原则

3.1.1 触电急救的原则和方法

1. 触电急救的原则

触电急救的基本原则(八字原则):迅速、就地、准确、坚持。

时间就是生命,早一分钟抢救就多一分生的希望。触电 1min 后开始救治者,90% 有良好效果,6min 后开始救治者,10% 有良好效果,而从 12min 后开始救治者,救活的可能性就很小了。因此触电急救必须分秒必争,立即就地迅速用心肺复苏法进行抢救,并坚持不断地进行,同时及早与医疗部门联系,争取医务人员接替救治。在医务人员未接替救治前,不应放弃现场抢救,更不能只根据没有呼吸或脉搏擅自判定伤员死亡,放弃抢救,只有医生有权做出伤员死亡的诊断。

2. 触电急救基本方法

(1) 脱离电源 触电急救,首先要使触电者迅速脱离电源,越快越好。因为电流作用的时间越长,伤害越重。

脱离电源就是要把触电者接触的那一部分带电设备的开关、刀闸或其他断路设备断开,或设法将触电者与带电设备脱离。在脱离电源时,救护人员既要救人,也要注意保护自己,如图 3-1 所示。触电者未脱离电源前,救护人员不准直接用手触及伤员,因为有触电的危险。如触电者处于高处,触脱电源后会自高处坠落,因此,要采取预防措施防止二次伤害。

对各种电压设备的触电场合，脱离电源的措施有所不同，具体操作如下：

1）脱离低压线路的电源。触电者触及低压带电设备，救护人员应想办法迅速切断电源，如拉开电源开关或刀闸、拔除电源插头等，或使用绝缘工具，如干燥的木棒、木板、绳索等解脱触电者，如图 3-2 所示。也可捏住触电者干燥而不贴身的衣服，将其拖开，切记要避免碰到金属物体和触电者的裸露身躯；也可戴绝缘手套或将手用干燥衣物等包起绝缘后解脱触电者；但因触电者身体带电，其鞋的绝缘可能遭到破坏，救护人员不得接触带电者的皮肤和鞋。救护人员也可站在绝缘垫上或干木板上，绝缘自己进行救护。

图 3-1 脱离电源时的自我保护

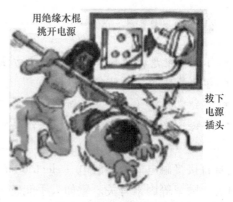

图 3-2 脱离低压线路电源

为使触电者与导电体解脱，最好用一只手进行。假如电流通过触电者接地，并且触电者紧握电线，可想法用干木板塞到其身下，与地隔离，也可用干木把斧子或有绝缘柄的钳子等将电线剪断。剪断电线要分相，一根一根地剪断，并尽可能站在绝缘物体或干木板上进行。

总之，脱离低压电源的方法一般有：挑、拉、切、拽、垫。

2）脱离高压线路的电源。触电者触及高压带电设备，救护人员应迅速切断电源，或用适合该电压等级的绝缘工具（戴绝缘手套、穿绝缘靴并用绝缘棒）解脱触电者，如图 3-3 所示。救护人员在抢救过程中应留意保持自身与四周带电部分

图 3-3 绝缘防护工具

必要的安全间隔。抛掷裸金属线使线路接地，迫使保护装置动作，断开电源。

注意：抛掷金属线时，先将金属线的一端可靠接地，然后抛掷另一端，并且抛掷的一端不可触及触电者和其他人。

3）脱离架空塔杆线路的触电电源。对触电发生在排挤线杆塔上，如系低压带电线路，能立即切断线路电源的，应迅速切断电源，或者由救护职员迅速登杆，束好自己的安全皮带后，用带绝缘胶柄的钢丝钳、干燥的不导电物体或绝缘物体将触电者拉离电源。如系高压带电线路，又不可能迅速切断开关的，可采用抛挂足够截面的适当长度的金属短路线方法，使电源开关跳闸。抛挂前，将短路线一端固定在铁塔或接地引线上，另一端系重物，但抛掷短路线时，应留意防止电弧伤人或断线危及人身安全。

注意：不论是何种电压线路上触电，救护人员在使触电者脱离电源时要留意防止发生高

处坠落的可能和再次触及其他有电线路的可能。

4）脱离断落在地的高压导线上的触电电源。假如触电者触及断落在地上的带电高压导线，如尚未确认线路有无电时，救护人员在未做好安全措施（如穿绝缘靴）前，不能接近断线点至8~10m范围内，以防止跨步电压伤人。触电者脱离带电导线后亦应迅速带至8~10m以外，并立即开始触电急救。只有在确定线路已经无电时，才可在触电者离开触电导线后，立即就地进行急救。

（2）抢救措施　抢救触电者使其脱离电源后，应立即就近移至干燥通风场所，进行如下抢救措施：

1）判断触电者意识
① 拍：轻拍伤员肩部，高声呼叫伤员。
② 按：无反应时，立即用手指甲掐压人中穴、合谷穴约5s。
③ 叫：大声呼叫"来人啊，救命啊！"
④ 放：放好伤员体位，使伤员仰卧在硬板上或地上，头、颈、躯干平卧无扭曲，双手放于两侧躯干旁，解开上衣，暴露胸部。

2）通畅气道。采用仰头举颌法疏通气道：用一只手置于伤员前额，另一只手的食指与中指置于下颌骨近下颏处，两手协同使头部后仰90°，迅速清除口腔异物，2s内完成，如图3-4所示。

3）判断伤员呼吸
① 看：看伤员的胸部、腹部有无起伏动作，如图3-5所示。

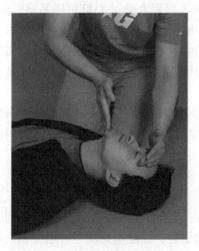

图3-4　通畅气道的手法

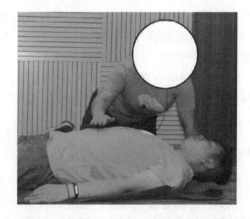

图3-5　用"看"的方法检查伤员的呼吸情况

② 听：用耳贴近伤员的口鼻处，听有无呼气声音，如图3-6所示。
③ 试：用手指测试口鼻有无呼气的气流。
在此过程中始终保持气道开放位置，观察时间不超过5s。

4）判断伤员心跳。一只手置于伤员前额，使头部保持后仰，另一只手的食指及中指指尖在靠近救护者一侧轻轻触摸喉结旁2~3cm凹陷处的颈动脉有无搏动，检查时间不超过10s，如图3-7所示。

 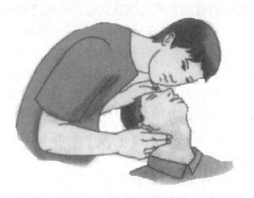

图 3-6　用"听"的方法检查伤员的呼吸情况　　　　图 3-7　检查伤员心跳情况

再根据不同情况进行口对口（鼻）人工呼吸或者进行心肺复苏的抢救。

3.1.2　触电急救安全注意事项

1）动作要快，尽量缩短触电者带电时间，缩短触电者心脏停止跳动和呼吸终止时间。

2）在帮助触电者脱离电源时，应注意防止触电者被摔伤，或自己触电等二次事故的发生。

3）运用正确的口对口（鼻）人工呼吸和胸外心脏挤压法对触电者进行抢救，不得轻易终止抢救，即使在将触电者送医院途中也不得中止抢救。

4）不可对触电者轻易注射肾上腺素（强心针）。人工呼吸和胸外心脏挤压是第一位的，也是最基本的急救方法。肾上腺素虽有使停止跳动的心脏恢复跳动的作用，但肾上腺素也可导致心脏停止跳动而死亡。因此，对尚有心脏跳动的触电者不得使用肾上腺素。只有当触电者经过人工呼吸和胸外心脏挤压急救无效，并用心电图仪鉴定心脏确已停止跳动，又备有心脏除颤装置的条件下，才可以注射肾上腺素。

5）对于触电者在触电同时发生的外伤，应根据不同情况酌情处理。对不危及生命的轻度外伤，可以放在触电急救之后处理；对严重外伤，应与人工呼吸和胸外心脏挤压同时处理；对严重出血性外伤，优先处理。

3.1.3　二次伤害

二次伤害是指已经受到了伤害后，由于各种原因在已经受伤的情况下，再次受到了伤害。例如：在高处发生触电，触电后从高处坠落造成的伤害；在触电急救中，给受伤人员做胸外按压，用力过猛，把肋骨压断，刺伤心脏。

3.1.4　外伤与出血

由于外伤引起的大出血，如不及时予以止血与包扎，会严重地威胁人的生命。

1. 外伤出血的分类

外伤出血，按血管的种类分动脉出血、静脉出血和毛细血管出血三种，如图 3-8 所示。

按出血部位分为：外出血、内出血和皮下出血三种。所谓的外出血是指身体表面受伤引起的出血，血液从伤口流出；内出血是指体内的脏器和组织受损伤而引起的内出血，血液流入体腔内，外表看不见。如肝破裂，胸腔受伤引起的血胸等。皮下出血是指皮肤未破，只在皮下软组织内出血，如挫伤、淤斑等。

2. 外伤出血的临床表现

（1）动脉出血　由于动脉血管内压力较高，所以出血时呈泉涌、搏动性，尤其是大的动脉血管破裂，血液呈喷射状，颜色鲜红，常在短时内造成大量失血，易引起生命危险。

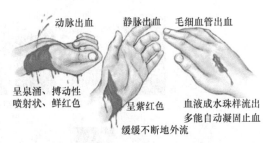

图 3-8　外伤出血的种类及特点

（2）静脉出血　出血时缓缓不断地外流，呈紫红色。如大静脉出血，往往受呼吸运动的影响，吸气时流出较缓，呼气时流出较快。

（3）毛细血管出血　出血时，血液成水珠样流出，多能自动凝固止血。

3. 外伤出血的急救方法

止血的四种常见方法：一般止血法、指压临时止血法、加压包扎止血法、止血带包扎法。

（1）指压临时止血法　在伤口的上方，即近心端，找到跳动的血管，用手指紧紧压住。这是紧急的临时止血法，与此同时，应准备材料换用其他止血方法。采用此法，救护人必须熟悉各部位血管出血的压迫点。常见身体部位血管出血的按压点，见表3-1。

表3-1　常见身体部位血管出血的按压点

出血部位	按压点
面部出血	压迫下颌角与颏结节之间的面动脉
前头部出血	压迫耳前下颌关节上方的颞动脉
后头部出血	压住耳后突起下面稍外侧的耳后动脉
腋窝和肩部出血	在锁骨上凹，胸锁乳突肌外缘向下内后方，对准第一肋骨，压住锁骨下动脉
前臂出血	在上臂肱二头肌内侧沟处，施以压力，将肱动脉压于肱骨上
手掌和手背出血	在腕关节内，即我们通常按脉搏的地方，按到跳动的桡动脉血压住
手指出血	用另侧的手指，使劲捏住伤手的手指根部，即可止血
大腿出血	屈起其大腿，使肌肉放松，用大拇指压住股动脉之压点（在大腿根部的腹股沟中点），用力向后压，为增强压力，另一手的拇指可重叠压力
足部出血	在踝关节下侧，足背跳动的地方，用手指紧紧压住

（2）加压包扎止血法　用消毒的纱布、棉花作成软垫放在伤口上，再用力加以包扎，以增大压力达到止血的目的。伤口有碎骨存在时，禁用此法。此法常用于小动脉、静脉及毛细血管止血。具体操作方法如图3-9所示。

（3）止血带止血　该方法用于四肢较大动脉的出血。用其他方法不能止血或伤肢无法再复原时，才可用止血带。因止血带易造成肢体残疾，故使用时要特别小心。常见止血带的使用方法如图3-10所示。

a) 绑紧布带　b) 打活结、穿绞棒　c)绞紧

d)固定绞棒　e)标时间

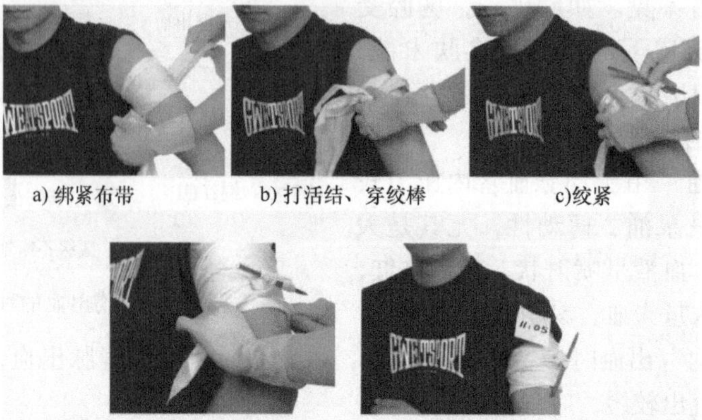

图 3-9　止血、包扎操作步骤

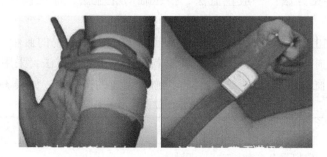

图 3-10　常见止血带的使用方法

3.2　触电急救心肺复苏

触电伤员呼吸和心跳均停止时，应立即按心肺复苏法支持生命的三项基本措施，正确进行就地抢救。施行心肺复苏术时应将患（伤）者的衣扣及裤带解松，以免引起内脏损伤。

心肺复苏法支持生命的三项基本措施：通畅气道；口对口（鼻）人工呼吸；胸外接压（人工循环）。

3.2.1　急救前对伤情的判断

1. 检查意识、呼吸及脉搏

1）如果触电者伤势不重，神志清醒，但有些心慌、四肢发麻全身无力，或者触电者曾一度昏迷但已经清醒过来，应使其就地躺平，这时应使触电者安静休息，不要走动，严密观察并请医生前来诊治或送往医院。

2）触电伤员如神志不清者，应就地仰面躺平，且确保气道通畅，并用 5s 时间，呼叫伤员或轻拍其肩部，以判定伤员是否意识丧失。禁止摇动伤员头部呼叫伤员。

3）如果触电者已失去知觉，但心脏跳动和呼吸还存在，应使触电者舒适、安静地平卧，周围不要围人，使空气流通，解开他的衣服以利呼吸。如天气寒冷，要注意保温，防止

感冒或冻伤。同时，要速请医生救治或送往医院。如果发现触电者呼吸困难、稀少，或发生痉挛，应准备心跳或呼吸停止后立即作进一步的抢救。

4）触电伤员如意识丧失，应在 10s 内，用"看、听、试"的方法，判定伤员呼吸情况；用"探"的方法判断触电者的心跳情况，具体步骤见前面触电急救部分。

5）如果触电者伤势严重，呼吸停止或心脏跳动停止或都停止，应立即施行人工呼吸和胸外挤压，并速请医生诊治或送往医院。应当注意急救要尽快地不失时机地进行，不能等候医生到来，在送往医院途中，也不能终止急救。

2. 抢救过程中的再判定

1）按压吹气 1min 后，应用"看、听、试"的方法在 5～7s 时间内完成对伤员呼吸和心跳是否恢复的再判定。

2）若判定颈动脉已有搏动但无呼吸，则暂停胸外按压，而再进行 2 次口对口人工呼吸，接着每 5s 吹气一次（即 12 次/min）。如脉搏和呼吸均未恢复，则继续坚持心肺复苏法抢救。

3）在抢救过程中，要每隔数分钟再判定一次，每次判定时间均不得超过 7s。在医务人员未接替抢救前，现场抢救人员不得放弃现场抢救。

3.2.2 施救前对出血性外伤的处理

触电者同时发生外伤时，应区别情况酌情处理。对不危及生命的轻度外伤，可放在急救后处理；对于严重出血性外伤，应优先处理。如伤口出血应予以止血，为了防止伤口感染应尽可能地用消毒纱布予以包扎。对于因触电摔跌四肢骨折的触电者，应首先止血、包扎，然后用木板、竹竿、木棍等物品将骨折肢体临时固定并尽快送医院处理。

3.2.3 人工呼吸

人工呼吸法是在触电者呼吸停止后应立即采用的急救方法。各种人工呼吸法，以口对口（鼻）人工呼吸效果最好而且简单易学，容易掌握。

1. 口对口（鼻）人工呼吸法的操作要领

（1）保持气道通畅　采用仰头举颌法疏通气道：用一只手置于伤员前额，另一只手的食指与中指置于下颌骨近下颏处，两手协同使头部后仰90°。如患者口鼻内有呕吐物、泥沙、血块、义齿等异物时，抢救者用纱布包住食指伸入口腔进行清除。松开衣领、裤带、内衣等。舌后坠者用纱布或手帕包住拉出或用别针固定在嘴唇上。

（2）先吹两口气　清洗病伤者口鼻异物后，口对口呼吸前先向患者口中吹两口气，以扩张已萎缩的肺，以利气体交换。

（3）姿势　患者仰卧位，头后仰，颈部用枕头或衣物垫起。口盖两层纱布，急救者用按于前额一手的拇指与食指捏紧病者鼻翼下端，深吸一口气屏住并用自己的嘴唇包住伤员微张的嘴。接着做捏鼻动作，快而深地向病者口内吹气，并观察病者胸廓有无上抬下陷活动。一次吹完后，脱离病者之口，捏鼻翼的手同时松开，慢慢抬头再吸一口新鲜空气，准备下次口对口呼吸。

口对口（鼻）人工呼吸具体操作要领如图 3-11 所示。

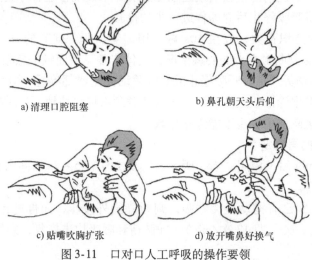

a) 清理口腔阻塞　　b) 鼻孔朝天头后仰

c) 贴嘴吹胸扩张　　d) 放开嘴鼻好换气

图 3-11　口对口人工呼吸的操作要领

2. 口对口人工呼吸注意事项

1）尽快保持伤、病者呼吸道通畅。有假牙托应予取出，有呕吐物等应予清除。

2）每次吹气量不宜过大，超过 1200mL 会导致胃扩张，对儿童的吹气量为 800mL 即够。

3）呼吸频率。成人口对口呼吸的频率为 16～20 次/min。单人急救时，每按压胸部 15 次后，吹气两口，即 15:2；双人急救时，每按压胸部 5 次后，吹气 1 口，即 5:1。有脉搏无呼吸者，每 5s 吹一口气（12～16 次/min）。每次吹气循环需连续吹气两次，每次吹气 2s，手放松 3s，5s 内完成。

4）呼吸停止者常同时有心脏停搏，需同时进行人工呼吸和心脏按压术。

5）有心跳而无呼吸者，则可每 5s 吹气一次，即 12～16 次/min。施救者可在进行吹气动作的同时，在心中默数：1s、2s、3s、4s，使呼气动作不疾不徐，以达到最高的效率。

6）如果伤、病者牙关紧闭而不能张口，或口腔有严重损伤而无法进行口对口呼吸法时，可改用口对鼻人工呼吸法，即向伤、病者的鼻孔吹气。

7）不时注意伤、病者的状况：每隔 5s、10s，施救者必须触摸伤、病者的颈动脉有无脉搏，如果其心搏、呼吸全无，则必须立即加做心肺复苏术；如果有脉搏而无呼吸，则持续进行人工呼吸，直至救护车到达或伤、病者能自行呼吸为止。

8）如果在室外进行人工呼吸，必要时应给予伤、病者毛毯或衣物保暖，如果伤者逐渐清醒，也不要让他起身，等待医护人员的处理。

9）停止急救标准

① 患者的呼吸、心搏已恢复后可以停止。

② 有经验的大夫检查证实患者脑死亡可以停止。因为脑组织各部分对缺氧的耐受力不一样，一般大脑只能支持 4min 左右，小脑可以维持 10～15min，管辖呼吸、心搏中枢的延髓能坚持 20～30min。这就提醒急救者分秒必争，越早越好，抢救持续的时间尽可能延长些，还有救活患者的希望。

实行人工呼吸和胸外心脏按压抢救要坚持不断，切不可轻率终止。运送途中也不能终止抢救。在抢救过程中，如果发现触电者皮肤出紫变红，瞳孔由大变小，则说明抢救收到了效果。如果发现触电者嘴唇稍微开合,或眼皮活动,或嗓子有咽东西的动作,则应注意其是否有自动心脏跳动和自动呼吸。触电者能自己开始呼吸,即可停止人工呼吸。否则,应立即再作人工呼吸。

3.2.4 胸外按压

胸外按压是采用人工方法帮助心脏跳动,维持血液循环,最后使病人恢复心跳的一种急救技术,适用于触电、溺水、心脏病等引起的心跳骤停。

1. 胸外按压位置

正确的按压位置是保证胸外按压效果的重要前提。

确定按压位置的方法:食指及中指沿触电者肋弓下缘向中间滑移,在两侧肋弓交点处寻找胸骨下切迹,食指及中指并拢横放在胸骨下切迹上方,以另一手的掌根紧贴食指上方置于胸骨正中部,重叠将掌根放于另一手背上,两手手指交叉抬起,使手指脱离胸壁,如图3-12所示。

2. 胸外按压的操作要领

正确的按压姿势是达到胸外按压效果的基本保证。

正确的按压姿势:使触电伤员仰面躺在平硬的地方,救护人员立或跪在伤员一侧肩旁,救护人员的两肩位于伤员胸骨正上方,两臂伸直,肘关节固定不屈,两手掌根相叠,手指翘起,不接触伤员胸壁,手型如图3-13所示。

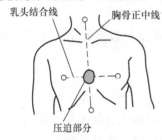

图3-12 胸外按压位置

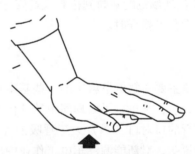

图3-13 胸外按压的正确手型

胸外按压的具体操作要领:

1)以髋关节为支点,利用上身的重力,垂直将正常成人胸骨压陷3~5cm(儿童和瘦弱者酌减),如图3-14所示。

2)按压至要求程度后,立即全部放松,但放松时救护人员的掌根不得离开胸壁。

3)按压必须有效,有效的标志是按压过程中可以触及颈动脉搏动。

3. 胸外按压的操作频率

1)胸外心脏按术只能在患(伤)者心脏停止

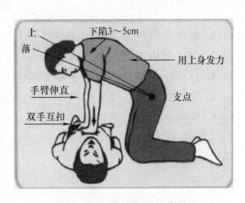

图3-14 胸外按压的姿势

跳动下才能施行。

2）胸外心脏按压的位置必须准确。不准确容易损伤其他脏器。按压的力度要适宜，过大、过猛容易使胸骨骨折，引起气胸、血胸；按压的力度过轻，胸腔压力小，不足以推动血液循环。

3）胸外按压与口对口（鼻）人工呼吸同时进行，严格按吹气和按压的比例操作，吹气和按压的次数过多和过少均会影响复苏的成败。

4）胸外按压要以均匀速度进行，80次/min左右，每次按压和放松的时间相等。

4. 心肺复苏有效指征和终止复苏

1）观察颈动脉搏动，有效时每次按压后就可触到一次搏动。若停止按压后搏动停止，表明应继续进行按压。如停止按压后搏动继续存在，说明病人自主心搏已恢复，可以停止胸外心脏按压。

2）若无自主呼吸，人工呼吸应继续进行，或自主呼吸很微弱时仍应坚持人工呼吸。

3）复苏有效时，可见病人有眼球活动，口唇、甲床转红，甚至脚可动；观察瞳孔时，可由大变小，并有对光反射。

4）当有下列情况可考虑终止复苏：

① 心肺复苏持续30min以上，仍无心搏及自主呼吸，现场又无进一步救治和送治条件，可考虑终止复苏。

② 脑死亡，如深度昏迷，瞳孔固定、角膜反射消失，将病人头向两侧转动，眼球原来位置不变等，如无进一步救治和送治条件，现场可考虑停止复苏。

③ 当现场危险威胁到抢救人员安全（如雪崩、山洪爆发）以及医学专业人员认为病人死亡，无救治指征时。

本 章 小 结

本章主要对触电急救中的一些基本知识进行了学习，对触电急救的基本原则和基本方法进行了分析，并进行了处理简单的外伤和出血基本要领的讲解；在此基础上，对发生触电危害后进行的口对口（鼻）人工呼吸的操作要领、急救过程中胸外按压的操作要领等进行了详细的说明，对新能源汽车电工作业中出现触电危害后进行急救有了重要的参考学习意义。

复习思考题

1. 触电急救的基本原则是什么？
2. 简述触电急救的基本方法。
3. 外伤出血的基本类型有哪些？各自的临床特征是什么？
4. 简述口对口（鼻）人工呼吸的基本动作要领。
5. 简述心肺复苏的胸外按压基本动作要领。

实 训 项 目

实训5 触电急救的基本方法练习

一、实训目标
1. 明确触电的危害。
2. 掌握触电急救的基本步骤。

二、实训设备
绝缘手套、绝缘鞋帽、绝缘木棍等。

三、情景模拟
一名同学模拟电动汽车维修过程中的意外高压触电,另一位同学立刻组织触电急救。
基本思路:脱离电源→移至安全通风处→抢救前的初步诊断→确定抢救方案→进行抢救。

四、具体实施

	操作要点	完成情况
1	观察触电情况,确定触电类型(高压触电、低压触电)	
2	根据不同触电类型,选择不同的脱离电源的措施(主要方法有:拉闸、拔插销、切断电源、分离触电者与带电体、短路、接地法等)	
3	寻求有效的帮助(大声呼救、打电话报警等)	
4	有可能的话将伤者移至安全通风处	
5	判断伤者伤势情况	检查意识(拍、按、叫、放)	
		通畅气道(仰头举颌法)	
		检查呼吸(看、听、试)	
		检查心跳(摸颈动脉)	
6	根据伤者情况,采取正确的急救措施	

没有反应 → 检查意识 → 按照需求进行救助,例如针对休克的治疗、护理伤口
紧急呼叫120   对话! 有意识
无呼吸 → 检查呼吸 → 有呼吸
2次人工呼吸(最多进行5次尝试)
如果伤员昏迷并有呼吸:应(稳定)侧卧
没有反应 → 检查反应 ← (自主呼吸、咳嗽、活动)
心肺复苏法(HLW)
心肺复苏法
30次按压,2次人工呼吸,每分钟完成3次

实训6 外伤出血的简单包扎

一、实训目标

学会对外伤出血进行有效的包扎。

二、实训设备

包扎带、布条等。

三、情景模拟

一名同学在汽车维护过程中不慎将手指严重划伤，流血不止。另一名同学及时对伤者进行止血和简单包扎处理。

四、具体操作过程

	操作要点	完成情况	
1	根据出血特点，判断出血类型 动脉出血：呈泉涌、搏动状、鲜红色 静脉出血：呈紫红色，缓缓不断地外流 毛细血管出血：血液成水珠样流出，多能自动凝固止血	动脉	
		静脉	
		毛细血管	
2	指导伤者找到合适的压迫点，自行进行止血按压 （1）手掌或手臂出血：在腕关节内，即我们通常按脉搏的地方，按到跳动的桡动脉血压住 （2）手指出血：用另侧的手指，使劲捏住伤手的手指根部，即可止血		
3	寻求布条或者止血带进行包扎处理		

实训7 练习心肺复苏的基本操作

一、实训目标

1. 学会口对口（鼻）人工呼吸的操作要领。
2. 学会急救过程中胸外按压的操作要领。
3. 掌握心肺复苏的基本操作要领。

二、实训仪器和设备

模拟分组人员、模拟触电装置。

三、情景模拟

一名同学不慎触电受伤，摔倒在地，情况危急。另一名同学需要立即对伤者进行心肺复苏的急救。

四、具体操作过程

心肺复苏法的三项基本措施：通畅气道；口对口（鼻）人工呼吸；胸外按压（人工循环）。

操作步骤	操作要点	完成情况
1. 通畅气道	用一只手置于伤员前额,另一只手的食指与中指置于下颌骨近下颏处,两手协同使头部后仰90°	
	患者口鼻内有呕吐物、泥沙、血块、义齿等异物时,抢救者用纱布包住食指伸入口腔进行清除	
	松开衣领、裤带、内衣等	
2. 吹两口气	先向患者口中吹两口气,以扩张已萎缩的肺,以利气体交换	
3. 口对口人工呼吸急救	用按于前额一手的拇指与食指捏紧病者鼻翼下端,深吸一口气屏住并用自己的嘴唇包住伤员微张的嘴	
	接着做捏鼻动作,快而深地向病者口内吹气,并观察病者胸廓有无上抬下陷活动	
	一次吹完后,脱离病者之口,捏鼻翼的手同时松开,慢慢抬头再吸一口新鲜空气,准备下次口对口呼吸	
4. 胸外按压	救护人员立或跪在伤员一侧肩旁,救护人员的两肩位于伤员胸骨正上方,两臂伸直,肘关节固定不屈	
	按压位置:食指及中指沿触电者肋弓下缘向中间滑移,在两侧肋弓交点处寻找胸骨下切迹,食指及中指并拢横放在胸骨下切迹上方,以另一手的掌根紧贴食指上方置于胸骨正中部,重叠将掌根放于另一手背上,两手手指交叉抬起,使手指脱离胸壁	
	以髋关节为支点,利用上身的重力,垂直将正常成人胸骨压陷3~5cm(儿童和瘦弱者酌减)。按压至要求程度后,立即全部放松,但放松时救护人员的掌根不得离开胸壁	

注意事项:

胸外按压与口对口(鼻)人工呼吸同时进行,严格按吹气和按压的比例操作,其节奏为:单人抢救时,每按压15次后吹气2次(15∶2),反复进行;双人抢救时,每按压5次后由另一人吹气1次(5∶1),反复进行。1min内完成4个压吹循环。胸外按压要以均匀速度进行,每分钟80次左右,每次按压和放松的时间相等。

第 4 章

高压安全防护技术

> **学习目标**
> - 通过传统汽车的线路进行新能源汽车基本电路分析；
> - 能区分纯电动汽车高低压电基本部件；
> - 能对新能源汽车相关防护措施进行分析。

4.1 新能源汽车高低压电能的应用及结构

4.1.1 传统汽车电器单线制/双线制

传统汽车线路一般采用单线制、用电设备并联、负极搭铁、线路用颜色和编号加以区分，并以点火开关为中心将全车电路分成几条主干线，即蓄电池电源线（30 号线）、附件电源线（Acc 线）、钥匙开关电源线（15 号线）。

1. 蓄电池电源线（B 线或 30 号线）

从蓄电池正极引出直通熔断器盒，也有汽车的蓄电池电源线接到起动机电源线接线柱上，再从那里引出较细的电源线。

2. 点火仪表指示灯线（IG 线或 15 号线）

点火开关在 ON（工作）和 ST（起动）档才有电的电线，即必须使用汽车钥匙才能接通相关电路，如点火系统、预充磁、仪表系统、信号系统、电子控制系统等。

3. 专用线（Acc 线或 15A 线）

用于发动机不工作时需要接入的电器，如收放机、点烟器等。点火开关单独设置一档予以供电，但发动机运行时收音机等仍需接入，与点火仪表指示灯等同时工作，所以点火开关触刀与触点的接触结构要作特殊设计。

4. 起动控制线（ST 线或 50 号线）

起动机主电路的控制开关（触盘）常用磁力开关来通断。磁力开关的吸引线圈、保持线圈可以由点火开关的起动档控制。大功率起动机的吸引线圈、保持线圈电流也很大（可达 40～80A），容易烧蚀点火开关的"30－50"触点对，必须另设起动机继电器（如东风、解放及三菱重型车）。装有自动变速器的轿车，为了保证空档起动，常在 50 号线上串有空档开关。

5. 搭铁线（接地线或 31 号线）

汽车电路中，以元件和机体（车架）金属部分作为一根公共导线的接线方法称为单线制,将机体与电器相接的部位称为搭铁或接地。

搭铁点分布在汽车全身,由于不同金属相接(如铁、铜与铝、铅与铁),形成电极电位差,有些搭铁部位容易沾染泥水、油污或生锈,有些搭铁部位是很薄的钣金件,都可能引起搭铁不良,如灯不亮、仪表不起作用、喇叭不响等。要将搭铁部位与电源线接点同等重视,所以现代汽车局部采用双线制,设有专门公共搭铁接点,编绘专门搭铁线路图,堪与熔断器电路提纲图并列。为了保证起动时减少线路接触压降,蓄电池极桩夹头、车架与发动机机体都接上大截面积的搭铁线,并将接触部位彻底除锈、去漆、拧紧。

4.1.2 新能源汽车高压用电系统结构简介

电动汽车电气系统另一个重要组成部分就是汽车高低压电气系统。高压电气系统主要功用是根据车辆行驶的功率需求完成从动力电池或燃料电池到驱动电动机的能量变换与传输过程。在传统的燃油汽车中,电动助力转向系统、制动系统等主要由低压电气系统供电,而在电动汽车中,为了节约能源,对于功率较大的子系统,如制动气泵电动机、电动助力转向系统和电动空调等一般采用高压供电。

通常纯电动汽车高压用电系统主要由动力电池、高压配电箱(高压控制盒)、电机控制器、车载充电机、高压线束等组成,如图4-1所示。

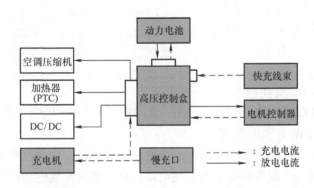

图4-1 典型的纯电动汽车高压部件及其他主要部件连接原理图

动力电池为纯电动汽车主要动力源,为汽车所有部件提供能量,动力电池由许多电池模组构成,放置在密封并且屏蔽的动力电池箱里面,动力电池靠高低压插头与整车进行连接。

高压控制盒是"配电枢纽",能够完成动力电池高压电源的输出及分配,实现对支路用电器的保护及切断,图4-3所示为内部基本器件构成。

车载充电机是慢充系统的一部分,作用是将交流电转化为动力电池高压直流电。

图4-2 典型动力电池实物图

图 4-3 高压配电箱

4.1.3 新能源汽车低压用电系统结构简介

燃油汽车与电动汽车低压电气系统的主要区别在于，燃油汽车的辅助蓄电池由与发动机相连的发电机来充电，而电动汽车的辅助蓄电池则由动力电池通过DC/DC变换器来充电。

DC/DC变换器属于功率变换器的一种，功率变换器可分为直流/直流（DC/DC）变换和直流/交流（DC/AC）变换两类。电动汽车电气系统中的功率变换器主要是DC/DC变换器，它是实现电气系统电能变换和传输的重要电气设备，基本转换原理如图4-4所示。12V低压电气系统由高压动力电池通过DC/DC变换器为其充电，而高压动力电池系统通过车载充电器进行充电。

电动汽车的DC/DC变换器的主要功能是给车灯、ECU、小型电器等车辆附属设备供给电力和向附属

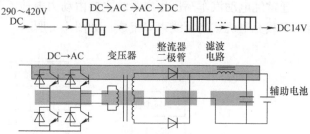

图 4-4 纯电池汽车 DC/DC 变换器工作原理示意图

设备电源充电，其作用与传统发动机汽车的交流发电机相似。传统汽车依靠发动机带动交流发电机发电，为附属电气设备供电。由于纯电动汽车和燃料电池电动汽车无发动机，因此电动汽车无法使用交流发电机提供电源，必须靠主电池向附属用电设备及其电源供电，因此DC/DC成为了必要设备。

低压电气系统主要由DC/DC变换器、蓄电池和若干低压电气设备组成。动力电池组的高压电通过DC/DC变换器将高压直流电转换为12V或24V低压直流电，为仪表、照明、辅助蓄电池等供电。电动汽车的低压电气设备主要包括灯光系统、仪表系统、娱乐系统、电动车窗、刮水器、除霜器和各种控制器等。

4.2 防护措施

4.2.1 可视安全标识

1. 高压警示标识

高压警示标识通常采用黄色底色或红色底色，图形上布置有高压触电国家标准，如图4-5所示。每个新能源汽车的高电压组件壳体上都会标识有一个安全警示符号，售后服务人

员或每位车主均可通过标记直观看出高压可能带来的危险,所用警示牌基于国际标准危险电压警告标志。通常,纯电动汽车作业前,要进行场地及其他安全警示,其中涉及这些常用安全标识。

图4-5　高压警示标识

2. 车辆高压线束及插件标识

由于高压导线可能有几米长,因此在一处或两处通过警示牌标记意义不大。维修人员可能会忽视这些标牌。因此,通常使用橙色警示色标记出所有高压导线,高电压导线的某些插头以及高电压安全插头也采用橙色设计,如图4-6所示。

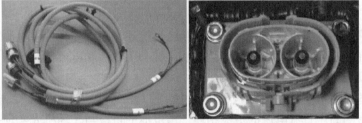

图4-6　高压橙色导线及插接器

整车中通常共分为以下几段高压线束,通常使用橙色:动力电池高压电缆、电机控制器电缆、快充线束、慢充线束、高压附件线束(高压线束总成)等。

4.2.2　绝缘防护与隔离技术

1. 绝缘防护

国家标准 GB/T 18487.1—2015《电动汽车传导充电系统 第1部分:通用要求》中对绝缘进行了定义:表征一个绝缘体实现其功能的能力的各种性质(如:电阻、电压),同时将绝缘进行了分类:基本绝缘、附加绝缘、双重绝缘及加强绝缘等。基本绝缘是指带电部件上对触电起基本保护作用的绝缘;附加绝缘又称辅助绝缘或保护绝缘,是为了在基本绝缘一旦损坏的情况下防止触电而在基本绝缘之外附加的一种独立绝缘;双重绝缘是一种组合型的绝缘结构，由基本绝缘和附加绝缘共同组成；加强绝缘相当于双重绝缘保护程度的单独绝缘结构。

纯电动汽车绝缘防护及维修作业中涉及车辆自身绝缘防护措施、场地绝缘防护、操作人员绝缘防护等几项绝缘防护。如车辆高压线束及插头的绝缘防护，不能出现漏电问题，电池包整体外壳及密封防护，必须能够达到电池内部与外界隔离、防水、防漏电等。

2. 不同的数字隔离技术

原则上，有四种不同的数字隔离方法：光、电感式、电容式和射频式。以下将介绍前三种方法。

光隔离技术使用透明绝缘隔离层进行光传输来实现光隔离。控制电路通过驱动 LED（发光二极管），将数字信号转换成光信号。然后通过隔离层传输这个光信号，再用光学检测组件（光电二极管、光电晶体管）将光信号转换回电信号。

电感隔离使用两个线圈之间的磁场变化实现跨隔离势垒的通信。电感隔离法的一个优点是共模和差分传输间的不同，这意味着它的抗噪能力良好。这种方法的缺点是可能来自磁场的失真，对混合动力/电动汽车应用的电动机控制环境来说，这种失真很常见。

电容隔离利用穿越隔离势垒的电场变化。电容隔离法的优点是对磁场的免疫力更强和长的系统寿命。电容隔离与电感隔离法的传输速度近似。

但电容隔离法的缺点是没有差分信号，即信号和噪声共享同一信道。另外，与电感隔离法一样，它们都不能直接传输静态信号（必须先与频率信号进行编码）。

电气隔离主要用在电动汽车充电系统中，采用交、直流隔离的充电机是目前进行电气隔离时最常用的方法。

4.2.3 绝缘监测

对于封闭回路的高压直流电气系统，其绝缘性能通常用电气系统中电源对地漏电流的大小来表征。现在普遍使用两种漏电流检测方法：辅助电源法和电流传感法。

1. 辅助电源法

在我国某些电力机车采用的漏电检测器中，使用一个直流 110V 的检测用辅助蓄电池，蓄电池正极与待测高压直流电源的负极相连，蓄电池的负极与车辆机壳实现一点连接。在待测系统绝缘性能良好的情况下，蓄电池没有电流回路，漏电流为零；在电源线缆绝缘层老化或者环境潮湿等情况下，蓄电池通过电源线缆绝缘层形成闭合回路、产生漏电流，检测器根据漏电流的大小进行报警，并关断待测系统电源。这种检测方法不仅需要直流 110V 电源，增加了系统结构的复杂度，而且这种检测方法难以区分绝缘故障源是来自电源正极引线电缆还是负极引线电缆。

2. 电流传感法

采用霍尔式电流传感器是对高压直流系统进行漏电流检测的另一种方法。将待测系统中电源的正极和负极一起同方向穿过电流传感器，当没有漏电流时，从电源正极流出的电流等于返回到电源负极的电流，因此穿过电流传感器的总电流为零，电流传感器的输出电压为零；当发生漏电现象时，电流传感器输出电流不为零。根据电压的正负可以进一步判断产生漏电流的来源是来自电源正极引线电缆还是电源负极引线电缆。但是，应用此方法的前提是待测电源必须处于工作状态。

新能源汽车中,尤其纯电动汽车中,高压电气系统的工作电压在数百伏,较高的工作电压对电源系统与车辆底盘之间的绝缘性能提出了更高要求。

对于新能源汽车的高压电系统和自动断路器的工作状态及功能的监测,需要检测的参数可以分成以下几类:

(1) 高压电气参数　高压系统电压、电流,高压总线剩余电量。
(2) 高压电路参数　动力电池绝缘电阻、高压总线等效电容。
(3) 非电测量参数　环境温度、湿度。
(4) 数字测量参数　主要是开关量的输入和输出。

在电动汽车中,由于直流高压系统实质上也属于不搭铁的电气系统,所以也较多地使用对地电压型漏电监测装置,通过检测动力系统正、负极母线对车身搭铁的电压来判断是否存在绝缘故障。该类装置通过一定的方法改进后,还能够检测出动力系统正、负极母线对车身搭铁的绝缘电阻,即为绝缘电阻监控装置。

采用绝缘监测及保护的电动汽车高压系统一般如图4-7所示,交流输入端使用RCD、保护搭铁(或保护接零)组合;直流端有漏电监测装置,以监测车内直流母线对车身搭铁的绝缘状况。这种方案同样可以有效地降低非车载充电系统的电击危险性。

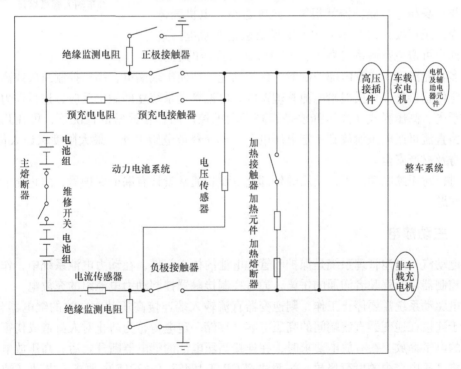

图4-7　采用绝缘检测及保护的纯电动汽车高压系统电路原理示意图

4.2.4 断路保护

当存在某些特殊事件(如碰撞、绝缘不良、高压电气回路不连续、过电流及短路等)输入时,自动断路功能可以在没有使用者干预的情况下,通过断路器等装置将高压电气回路切断,从而达到保护人员和电气系统安全的目的。自动断路装置要具备人工复位的能力。

熔断保护功能通常使用熔断器来完成，与传统汽车使用的熔断功能一样，是一种电气系统过电流及短路保护的手段，不过纯电动汽车涉及高压电，熔断保护装置相对规格高，如80A、100A等，如图4-8所示。熔断主要是为了保证电动汽车高压电气系统安全运行而采用的一种防护措施。

纯电动汽车有时配备碰撞监测保护功能，汽车发生碰撞事故时碰撞传感器向主控装置发送信号，主控装置接到信号后迅速切断动力电路，从而实现电动汽车发生碰撞事故时的自动断开。另外还有一种方法是不经过主控装置，直接由碰撞传感器信号触发高压电气系统断路器工作，切断高压电源。

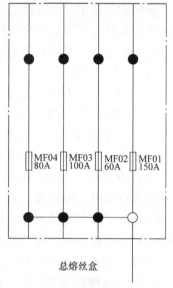

图4-8 典型新能源车辆大容量熔丝

4.2.5 漏电保护

新能源汽车采用漏电保护是必要的，一旦有正母线或负母线与车身相连，保护器就报警，这就避免了电机壳体漏电成为高压正极，站在车上的人触摸负极造成触电。这样的设计也可避免空调系统高压、DC/DC系统高压的泄漏。

很多新能源汽车具有内部控制漏电保护功能，即使出现漏电，高压控制总成或高压分配器中相应传感器将信号反馈给电池管理系统，电池管理系统立即做出反应，进行动力电池母线自动断电、高压释放（高压释放是指高压的电控产品存在异常的情况下，可在几秒内将高压回路直流母线电压泄放到一定电压以下，迅速释放危险电能，最大限度保证人员安全）保证人身及财产安全。

同时，对于纯电动汽车，使用的外部充电设备通常设计有漏电保护器，防止充电设备出现漏电问题。

4.2.6 主动放电

纯电动汽车电池管理系统是保护和管理电池的核心部件，在动力电池系统中，作为电池和整车控制器以及驾驶者沟通的桥梁，通过控制接触器控制动力电池组的充放电。

若电驱动系统需要停止工作，则逆变器直流输入端连接高压动力电池的继电器会断开，此时由于连接在逆变器直流端间的高压电容会存储一定电量，为防止对人身造成伤害，需要将其中的电量释放。在有放电要求时，在连接高压电池的继电器断开之后，高压放电系统需要快速将高压电容中的电荷释放，按照法规GB/T 18488.1—2015的要求，电动（纯电动或混合动力）汽车断开高压电池后，需要将高压电容两端电压在5s内主动放电或者120s被动放电到安全电压以下。

4.2.7 预充电保护

纯电动汽车通常设计有预充电保护功能，相应的配置有预充电接触器、预充电电阻等器件。在进行充电过程中，首先进行的工作就是预充电相关电路模块，对模块内部相关器件

（如电容、电感线圈）进行充电，几秒后转入正常充电，以此保护过电流的冲击。

本 章 小 结

本章主要对新能源汽车高低压电能的应用及结构、防护措施进行了讲解，高低压系统结构为重点内容，学习中要重点对高低压系统进行区分并能够实际区分。在防护措施中，重点对可视安全标识、绝缘防护与电隔离、绝缘监测、断路保护等原理与实际车型中的防护措施进行了讲解。

复习思考题

1. 简述传统汽车的电路中单线制与多线制的区别。
2. 举例说明纯电动汽车中高压系统的主要部件。
3. 举例说明纯电动汽车低压电基本部件。
4. 在新能源汽车哪些位置能够看到相关防护措施或标识？

实 训 项 目

实训 8　认识新能源汽车高低压系统基本结构

一、实训目标
1. 能够识别并区分实车中高低压系统的部件。
2. 能够指出实车中高低压主要组成部分的位置。

二、实训准备

实训车辆（图 4-9），防护用具，举升架（图 4-10）。

图 4-9　实训 EV160 纯电动汽车　　　　图 4-10　举升架

三、实施过程

根据知识讲解，并在教师指导下，按照前述图 4-1 所示的原理图，完成实车中高低压系统主要部件的认识，并将主要部件在实车中的布置位置填写到表 4-1。

表 4-1 主要部件的布置位置

部件名称	布置位置
动力电池	
高压控制盒	
驱动电机	
车载充电机	
电机控制器	
DC/DC 变换器	
空调压缩机	

实训 9　认识新能源汽车上的可视安全警示标识

一、实训目标
识别新能源汽车上的可视安全警示标识，并说明其含义。

二、实训准备
防护用具（图 4-11），实训车辆（图 4-9），举升架（图 4-10）。

图 4-11　基本防护用具

三、实施过程
（1）打开实训中心新能源车辆前机舱盖，识别图 4-12 中的标识的位置并说明其含义。

图 4-12　标识

标识位置：_____
含义：_____

（2）识别导线及插接器的位置，并根据实际情况写出连接部件名称。

① 动力电池高压电缆：_____
② 电机控制器高压电缆：_____
③ 快充线束：_____
④ 慢充线束：_____
⑤ 高压附件线束（高压线束总成）：_____

第 5 章 维修中的安全操作

> **学习目标**
> - 掌握高压安全硬件防护措施；
> - 理解维修设备以及车辆自身的高压防护措施及其原理；
> - 理解我国电力安全法规的相关规定；
> - 掌握高压安全操作基本要求；
> - 学会正确使用并维护高压防护工具；
> - 能描述新能源汽车操作人员职业资格、操作人员编制；
> - 掌握新能源汽车维修流程、维修规范；
> - 掌握新能源汽车维修高压车间场地与设施要求。

5.1 新能源汽车维修高压安全防护措施

5.1.1 硬件防护措施

1. 维修开关（MSD）总成

新能源汽车的维修安全主要是防止高压触电。因此，维修人员在对高压类型汽车进行操作之前应当保证不会有触电风险，为此大多数纯电动汽车在系统上设计有维修开关（图 5-1），如北汽 EV150、EV160 老款车型均配备维修开关。

车型不同，维修开关的位置不一样，通常位于动力电池包总成上方或后排座椅下方。北汽 EV150 维修开关安装位置如图 5-2 所示。

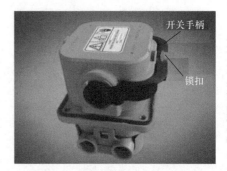

图 5-1 维修开关总成示意图

功用：在车辆维修时，维修开关能够直接断开高压回路，从而保证操作人员的安全。其电路原理如图 5-3 所示，它连接动力电池的一个正极和负极。

当维修开关被断开时，动力电池的动力输出立即中断。在操作上应当遵从以下流程：拔下车钥匙，断开蓄电池负极后，再断开维修开关，此时电池的动力输出断开，然后一般车辆需静置 5min 后，才能解除其他高压部件。没有维修开关的车辆，在断开蓄电池之后至少静置 5min，也可根据具体车型的要求来决定静置时间。

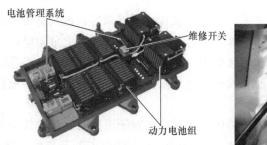

图 5-2　维修开关安装位置示意图

维修开关锁分两级，正常状态时，手柄处于水平位置；需要拔出维修开关时，应先打开锁扣，然后将手柄转至竖直状态，再向上拔出；需要插上时，应先沿竖直方向用力向下插入，再将手柄转至水平状态，最后关上锁扣。

现阶段，部分纯电动汽车没有使用上述维修开关，如北汽 EV160 新款、比亚迪 E5 等，在维修操作中，可在断开低压蓄电池后，直接将动力电池的低压控制线束插件断开即可，操作更简便。图 5-4 所示为北汽 EV160 新款车型机舱内低压控制线束插件。

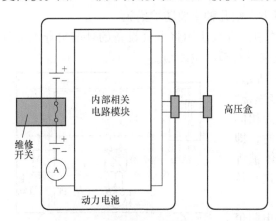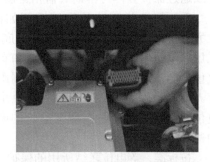

图 5-3　维修开关电路原理图　　　图 5-4　低压控制线束插件

2. 维修设备的高压防护措施

在电气安全标准中，按基本绝缘失败后电击防护方式的不同将电气设备划分成为 4 类，分别是 0 类设备、Ⅰ类设备、Ⅱ类设备、Ⅲ类设备。表 5-1 总结了这 4 类设备的主要特征及安全措施。

表 5-1　四类设备的主要特征及安全措施

类别	设备主要特征	安全措施
0 类设备	基本绝缘 无保护连接手段	用于不导电环境
Ⅰ类设备	基本绝缘 有保护连接手段	与保护搭铁相连
Ⅱ类设备	双重或加强绝缘 无保护连接手段	不需要
Ⅲ类设备	由安全特低电压供电	接于安全特低电压

在设计与分析中，一般认为，施加了双重绝缘或者加强绝缘后，该设备带电部件在正常情况下不会被碰触到，也不会存在任何对外壳漏电而导致设备外壳带上危险电压的情况。这样就可以避免该设备对人员造成直接和间接电击，大大降低了动力系统的电击危险性；但是这种做法会带来较高的成本，难以在所有设备上都加以实施，一般是有选择性地在某些设备上施加双重或加强绝缘。

针对设备外壳对高压绝缘失效的防护措施，按规定，对于可直接触及的外壳至少应满足IPXXD防护等级的要求。如果车辆底部距地面小于30cm，安装在车下与地面接近的设备，IPXXB防护等级可满足要求。而对于只有当拆除或打开附加防护罩后才可触及的外壳，有S0、S1和S2三种类型。根据外壳的型号（S0、S1、S2）、位置和外壳打开的方法，对外壳规定了不同要求。

外壳防护既有保护人身安全的作用，又有保护设备自身安全（包括机械和电气两方面）的作用，还可能有保护环境安全的作用。因此，外壳防护具有直接电击防护功能，但并非仅为电击防护而设置。

3. 车辆自身高压防护措施

对于电击防护来说，仅仅采取基于设备自身的防护措施是远远不够充分的，还应该采取一些施加在高压电气系统上的防护措施，以下介绍几种主要防护措施。

（1）等电位联结 在电动汽车动力系统中，可以使用将电气设备的外露可导电部件直接或通过保护导体与车辆底盘相连接的方法来进行等电位联结。

采用等电位联结的作用示例如图5-5所示，该方法将直流电气设备外壳与车辆底盘直接连接。采用等电位联结后，该设备外壳和车身地为相同电位，当该设备正极发生对外壳漏电故障时，即使人员接触到该设备带电的外壳，由于人体被等电位联结线短路，仍不会有危险的电流流过，从而避免了电击。

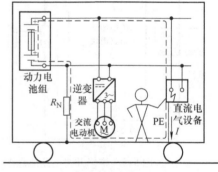

图5-5 等电位联结的作用示例

按标准，等电位联结所用的保护导体的电阻值应满足下面的导电性试验要求：用一个不超过60V（DC）的电压，动力电路最大电流的1.5倍或25A的电流（取二者中较大值）通过任何两个进行等电位联结的外露可导电部件，持续时间至少5s，测量其电压降，根据电流和电压降计算得到的保护导体的电阻值不应超过0.1Ω。

（2）保护接零 保护接零一般可作为一种电击防护措施应用在电动汽车充电系统中，图5-6所示为一种应用示例。对充电机外壳采用保护接零，利用PE线（保护接地线）将外壳与供电电网的保护零线（电力系统的PE线）连接起来，实际构成了TN系统（图中所示的为TN-S系统）。

采用保护接零时，一方面，由于设备外壳通过保护导体连接到电网保护零线，设备对外壳绝缘故障时漏电流会流回电网电源中性点，即此时会造成故障相线对零线的单相短路故障，巨大的短路电流会促使线路上的过电流及短路保护装置或者熔断器动作，切断电源，消除电击危险；另一方面，同保护接地类似，保护线PE电阻很小，能够降低人员间接接触时两端承受的电压，从而降低电击危险性。

（3）互锁监测及保护　依据互锁防护设计角度的不同，将电动汽车的互锁分为两大类：环路互锁和功能互锁。环路互锁主要是从电气回路连续性（完整性）的角度而设计，通常主要针对高压系统，用来监测高压电气回路上是否存在断路的情况；功能互锁主要是从系统功能的角度来进行防护，如充电时电动汽车就不能意外地起动等。

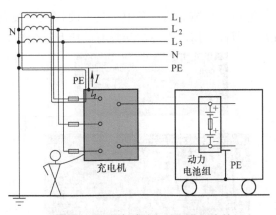

图 5-6　保护接零对人员电击的防护

高压互锁设计的主要目的：

① 整车在高压上电前确保整个高压系统的完整性，使高压处于一个封闭的环境下工作以提高安全性。

② 当整车在运行过程中高压系统回路断开或者完整性受到破坏的时候，需要启动安全防护。

③ 防止带电插拔高压插接器给高压端子造成拉弧损坏。

（4）环路互锁　在打开高压电气设备防护罩或断开高压回路的插接器时，人员可能会接触到高电压，因此，有必要对高压回路的连续性（完整性）进行监测。危险电压互锁回路（Hazardous Voltage Interlock Loop，HVIL，即环路互锁）可以很好地完成这个任务。

危险电压互锁回路是一种互锁系统，指首尾连接在自动断开装置上，通过在一个存在危险电压的回路中发送一个微弱的（安全的）电流信号以对电气回路的连续性（完整性）进行检查的电路。一旦出现电气回路的不连续（不完整），如由于开启某个插接器，自动断开装置就会启动，切断电源，以清除该处的危险电压。在充电操作中，为了保证充电接口、充电线束及电动汽车之间的可靠连接，也需要在充电系统高压回路中设计互锁回路。另外，所有在被移开后就会使人体直接暴露在危险电压中的盖子，如高压电气设备的防护盖，也必须进行互锁或采取其他保护措施。可以将防护盖的互锁设计成 HVIL 的一部分。

一般来说，当 HVIL 出现不连续（不完整）的情况（如断路或打开设备防护盖等）时，就应该启动自动断开装置。环路互锁的原理如图 5-7 所示。

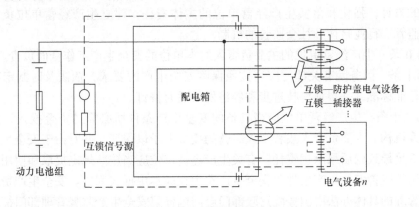

图 5-7　环路互锁原理

通常，在纯电动汽车中，具有硬件互锁装置，可以进行相应的检测，如北汽 EV 系列，在高压器件及插件内通常配置有高压互锁装置，如图 5-8、图 5-9 所示。

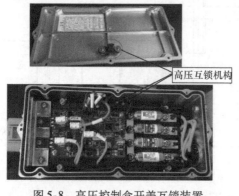

图 5-8 高压控制盒开盖互锁装置

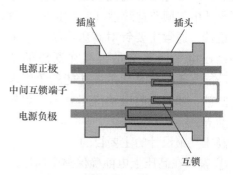

图 5-9 高压插头互锁装置

（5）功能互锁 当高压电路与电池包断开后（例如，自动断开装置或手动断开装置启动时），由于有容性储能元件及线束上本身存在的容性，高压母线仍会残留有对人体造成电击伤害的危险电压，因此有必要将高压母线的电压释放到安全范围内。根据电压和能量的情况以及电压衰减所需要的时间，不同的制造商可能有不同的方案和设计。某些电动汽车高压系统断电后采用电阻放电就是其中的一种方案。

另外，出于安全考虑，电动汽车要带有充电互锁的功能，即在充电时电动汽车动力系统要处在断开的状态，以防止电动汽车连接在充电电源上时被意外地起动。

还有其他一些防护措施，如电气隔离、断路保护装置、手动断路防护（如维修开关）等。

5.1.2 制度防护措施

1. 法律法规标准

（1）安全生产法规 在电力相关操作中，2014 年 8 月 31 日修订通过了《中华人民共和国安全生产法》，2014 年 12 月 1 日起施行，主要法规条例如下：

① 第三条 安全生产工作应当以人为本，坚持安全发展，坚持安全第一、预防为主、综合治理的方针，强化和落实生产经营单位的主体责任，建立生产经营单位负责、职工参与、政府监管、行业自律和社会监督的机制。

② 第五条 生产经营单位的主要负责人对本单位的安全生产工作全面负责。

③ 第十条 国务院有关部门应当按照保障安全生产的要求，依法及时制定有关的国家标准或者行业标准，并根据科技进步和经济发展适时修订。

④ 第二十条 生产经营单位应当具备的安全生产条件所必需的资金投入，由生产经营单位的决策机构、主要负责人或者个人经营的投资人予以保证，并对由于安全生产所必需的资金投入不足导致的后果承担责任。有关生产经营单位应当按照规定提取和使用安全生产费用，专门用于改善安全生产条件。安全生产费用在成本中据实列支。安全生产费用提取、使用和监督管理的具体办法由国务院财政部门会同国务院安全生产监督管理部门征求国务院有关部门意见后制定。

⑤ 第二十五条 生产经营单位应当对从业人员进行安全生产教育和培训，保证从业人

员具备必要的安全生产知识，熟悉有关的安全生产规章制度和安全操作规程，掌握本岗位的安全操作技能，了解事故应急处理措施，知悉自身在安全生产方面的权利和义务。未经安全生产教育和培训合格的从业人员，不得上岗作业。生产经营单位使用被派遣劳动者的，应当将被派遣劳动者纳入本单位从业人员统一管理，对被派遣劳动者进行岗位安全操作规程和安全操作技能的教育和培训。劳务派遣单位应当对被派遣劳动者进行必要的安全生产教育和培训。生产经营单位接收中等职业学校、高等学校学生实习的，应当对实习学生进行相应的安全生产教育和培训，提供必要的劳动防护用品。学校应当协助生产经营单位对实习学生进行安全生产教育和培训。生产经营单位应当建立安全生产教育和培训档案，如实记录安全生产教育和培训的时间、内容、参加人员以及考核结果等情况。

⑥ 第二十七条　生产经营单位的特种作业人员必须按照国家有关规定经专门的安全作业培训，取得相应资格，方可上岗作业。特种作业人员的范围由国务院安全生产监督管理部门会同国务院有关部门确定。

⑦ 第四十二条　生产经营单位必须为从业人员提供符合国家标准或者行业标准的劳动防护用品，并监督、教育从业人员按照使用规则佩戴、使用。

⑧ 第四十八条　生产经营单位必须依法参加工伤保险，为从业人员缴纳保险费。国家鼓励生产经营单位投保安全生产责任保险。

⑨ 第五十四条　从业人员在作业过程中，应当严格遵守本单位的安全生产规章制度和操作规程，服从管理，正确佩戴和使用劳动防护用品。

⑩ 第五十六条　从业人员发现事故隐患或者其他不安全因素，应当立即向现场安全生产管理人员或者本单位负责人报告；接到报告的人员应当及时予以处理。

（2）其他可参考电气安全法律法规和标准

① 用电安全导则（GB/T 13869—2008）。
② 电气设备安全设计导则（GB/T 25295—2010）。
③ 剩余电流动作保护装置安装和运行（GB 13955—2005）。
④ 漏电保护器安全监察规定。
⑤ 电工作业人员安全技术考核标准（LD 28—1992）。
⑥ 施工现场临时用电安全技术规范（JGJ 46—2005）。
⑦ 手持式电动工具的安全（通用要求）。
⑧ 电工进网作业许可证管理办法。
⑨ 防止静电事故通用导则（GB 12158—2006）。
⑩ 电网运行规则（试行）电气安全管理规程（机械工业部）。
⑪ 电气安全工作规程（电子工业部）。

目前，中华人民共和国质量监督检验检疫总局和中国国家标准化管理委员会共同发布了2015版电动汽车（GB/T 18384—2015）标准，来代替2001版电动汽车（GB/T 18384—2001）标准，标准在2001版基础上进行了优化改进，对充电相关操作等内容均进行了重新改进，后续章节会有相关讲解。

2. 高压安全操作基本要求

根据新能源汽车和人体安全标准，在最大交流工作电压小于660V，最大直流工作电压小于1000V以及整车质量小于3500kg的条件下，新能源汽车的高压安全要求如下：

1）人体的安全电压低于 35V，触电电流和持续时间乘积的最大值小于 30mA·s。

2）绝缘电阻除以电池的额定电压至少应该大于 100Ω/V，最好是能确保大于 500Ω/V。

3）对于各类电池，充电电压不能超过上限电压，一般最高不超过额定电压的 30%。

4）对于高于 60V 的高压系统的上电过程至少需要 100ms，在上电过程中应该采用预充电过程来避免高压冲击。

5）在任何情况下继电器断开时间应该小于 20ms，当高压系统断开后 1s，汽车的任何导电的部分和可接触的部分对地电压峰值应当小于 42.4V（交流）/60V（直流）。

北汽 EV160 的动力电池输出电压在 300V 以上，应让作业者明确注意使用和操作安全。另外，进行检查维修的作业者应是接受过特别教育且是公司指定的人员。应认识到一起工作的技术人员不能够进行类似传统车型的检查维护作业，以免接触检查维修车辆及专用测量仪器类等，指定作业者应彻底进行下述的作业管理内容，以防止触电事故灾害的发生。对作业者有以下要求：

① 接受过劳动安全卫生法第 59 条以及劳动安全卫生规则第 39 条规定的特别教育，且必须是公司认可指定的人员方可进行作业。

② 作业者应在预先考虑防止触电事故灾害发生的基础上研讨作业步骤。

③ 进行检查、维修作业时不得在手、身体、衣服湿润的状态下作业。另外，作业时作业服的衣袋内不得放入工具等。

④ 进行检查、维修作业时，应遵守规定的作业步骤，同时在进行强电部分的作业时一定要佩戴指定的保护用具和防护用具，如图 5-10 所示，以防止触电灾害的发生。

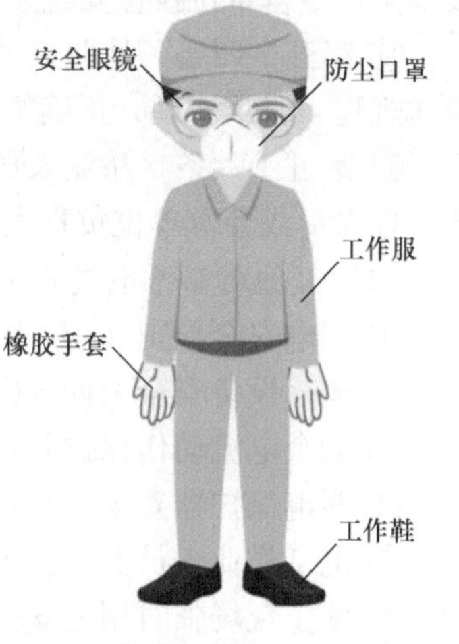

⑤ 进行强电作业时，为防止误通电引发的触电，作业者本身一定要对点火开关钥匙和强电切断开关实施管理。

⑥ 车辆发生火灾时，初期灭火应使用 ABC 灭火器或者利用灭火栓喷出的大量水进行灭火。未经过消防培训的人员建议迅速求助或撤离，不能盲目参与救火。

无法进行初期灭火时请快速逃离，由消防队处理。

3. 维修过程制度防护措施

在新能源汽车全部停电或部分停电的电气设备上工作 必须完成下列措施：

图 5-10 佩戴保护用具和防护用具

（1）诊断　只有事先通过诊断和确定才允许对车辆进行作业。必须严格遵守诊断和维修说明中的指示，对于事故车辆，应使用维修说明、事故车辆评估和事故后的高压蓄电池的外观检查进行评估，必要时采取相应措施。

（2）停电　在对高压组件进行作业之前，必须落实电气安全规定，必须在车辆休眠状态下拔下高压安全插头，从而对高压系统断电。

（3）挂锁　必须用常见的 U 形锁锁住高压安全插头，以防高压系统重新接通。必须检查是否出现检查控制信息"高压系统已断开"从而确保断电。

（4）验电　后面章节内容介绍。

（5）放电　后面章节内容介绍。

（6）悬挂标示牌　离开工位时，要固定好盖罩，并且放置一个带有相应标记的标识牌

(7)装设遮栏　必须放置隔离带或隔板将工位隔离起来,离开工位时必须防止他人擅自进入,为此要用隔离带将工位完全隔开。

(8)有监护人　操作时应有监护人在场。

5.1.3　防护用具

电力生产工作中,无论是设备安装、在运行操作还是检修工作,为了保障工作人员的人身安全,顺利地完成工作任务,必须使用相应的安全防护用具。

虽然目前的新能源汽车都很完善地设计有防止意外触电的功能,但事故车辆以及高压动力电池组总成还是会存在高压,因此新能源汽车维修人员必须做好防止被高压电击伤的安全防护,主要安全防护工具见表5-2。

表5-2　主要安全防护工具

工具名称		用途描述
警示牌		在地面或车辆附近明显位置放置
绝缘手套(绝等级为1000V/300A以上)		拆除及安装高压部件使用
皮手套		拆除及安装高压部件使用(保护绝缘手套)
绝缘鞋		拆除及安装高压部件使用
防护眼镜		拆除及安装高压部件使用

（续）

工具名称	用途描述
绝缘帽	 拆除及安装高压部件使用
绝缘表	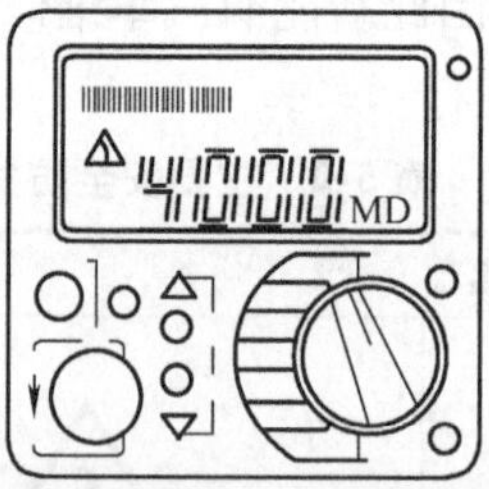 测试高压部件绝缘阻值
绝缘工具	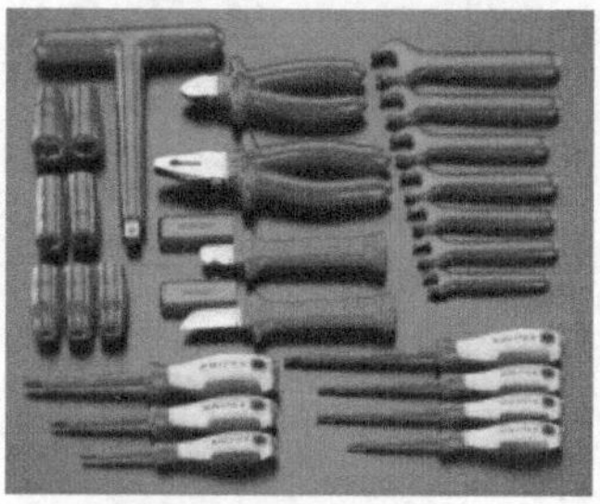 拆除及安装高压部件使用
安全锁	 锁住高压安全插头，防止高压系统重新接通

5.1.4　环境与防护

新能源汽车（电动汽车和混合动力汽车）专用车间安全管理，除了普通车间的安全要求外，必须注意以下事项。

1. 车辆焊接维修

1）首先要切断低压电源和动力电池插头。

2）操作人员要具备特种作业操作证。

3）清理周围易燃物品，并申请动火证。

4）做好车身的保护，预防飞溅及着火。

5）严格按照焊接工艺进行操作。

2. 灭火器的使用和检查

1）火灾发生将产生不可估量的危害，因此必须预防车辆自燃等火灾的发生，及时处理机舱内的油污、接插件松动或线束老化等隐患。

2）火灾发生后不要惊慌，要及时采取正确的方法来灭火，将火灾消灭在萌芽状态。首先要切断电源，所有人员立即离开车辆并站在远离车辆的上风。

3）经常检查车上的灭火器是否在固定的位置，是否在有效期内。要充分了解本灭火器的性质和正确使用方法。在采取救火措施的同时立刻报警（电话：119）。

4）常用的车载灭火器都是干粉的，以高压为动力，由喷射筒内的干粉进行灭火。灭火时手提干粉灭火器快速奔赴火点，在距离燃烧处1m左右，先将开启把上的保险销拔下，然后将喷嘴迅速对准火焰的根部扫射灭火。当干粉喷出后，手始终压下压把不能放开，否则会中断喷射。应选择站在上方方向喷射。

5）当电动车发生火灾时，最有效的灭火方式是采用大量的水灭火。因为电动车起火多为电路短路起火，这种情况下为了保证人员安全，使用水基灭火器可以快速对短路产生的热量降温，使电能耗尽来有效灭火。

5.1.5 保护接地

保护接地是将电气设备的外露可导电部分用保护线与大地直接连接的防护措施。保护接地一般可作为一种电击防护措施应用在电动汽车充电系统中。图5-11所示对电动汽车车身采用保护接地措施，即利用PE线直接接地，系统形式实际为TT形式。此时如果人员站在地面上接触到带有危险电压的设备外壳（例如图中所示的电动汽车车身外壳），由于保护线PE的电阻很小，故人体两端承受的电压也很小，通过人体的漏电流也就会很小（大部分漏电流都由PE线经大地流回电网）从而使得人员的间接电击危险性大大降低。

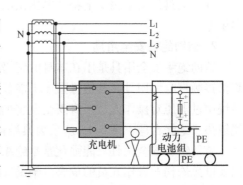

图5-11 保护接地对人员电击的防护

5.2 新能源汽车维修绝缘安全用具与使用

5.2.1 绝缘安全用具种类的划分

绝缘安全用具是指用来防止工作人员直接触电的用具。按照其功能的不同，可以分为基本绝缘安全用具和辅助绝缘安全用具两类。

1. 基本绝缘安全用具

基本绝缘安全用具是一种本身的绝缘足以抵御工作电压的用具，通常为操作中直接与带电体接触的拆装、检测等用具。基本绝缘安全用具的绝缘强度应能够长期承受工作电压，并且在该电压等级的系统产生内部过电压时，确保操作人员的人身安全，可直接与带电体接触。对于直接与带电体接触的操作，应使用基本绝缘安全用具。如带绝缘柄的工具、绝缘杆、绝缘棒、绝缘夹钳和高压验电器等，图 5-12 所示为典型基本绝缘安全用具。绝缘工具按其绝缘结构不同分为Ⅰ、Ⅱ、Ⅲ类。

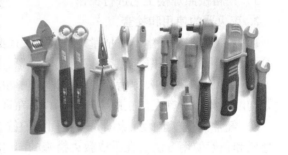

图 5-12　典型基本绝缘安全用具

Ⅰ类工具是指采用普通基本绝缘的电动工具。在防触电保护方面不仅依靠基本绝缘，而且还应附加一个安全预防措施，即对正常情况下不带电，而在其基本绝缘损坏时变为带电体的外露可导电部分作保护接零。为了可靠，保护接零应不少于两处，并且还要附加漏电保护，同时要求操作者使用绝缘防护用品。

Ⅱ类工具是指采用双重绝缘或加强绝缘的电动工具，在防触电保护方面不仅依靠其基本绝缘，而且有将其正常情况下的带电部分与可触及的不带电的可导电部分作双重绝缘或加强绝缘隔离措施，相当于将操作者个人绝缘防护用品以可靠的、有效的方式设计制作在工具上。

Ⅲ类工具是指采用安全特低电压供电的电动工具，在防触电保护方面依靠安全隔离变压器供电。

2. 辅助绝缘安全用具

辅助绝缘安全用具是用在本身的绝缘不足以抵御工作电压时辅助绝缘的用具，通常为非直接接触带电体用具，其绝缘强度不能长时间承受电气设备或线路的工作电压，或不能抵御系统中过电压对操作人员人身安全侵害的绝缘用具。例如高压绝缘手套、安全帽、绝缘鞋、绝缘垫、绝缘台等，图 5-13 所示为典型辅助绝缘安全用具。

辅助绝缘安全用具只能强化基本绝缘安全用具的保护作用，即防止接触电压、跨步电压以及电弧灼伤对操作人员的危害。辅助安全用具是配合基本绝缘安全用具使用的。通常情况下，辅助安全用具不能直接接触 1kV 以上的电气设备，在高压工作使用时，需要与其他安全用具配合使用。

图 5-13　典型辅助绝缘安全用具

电气工作人员在生产活动中经常使用各种电气工具，这些工具不仅对完成工作任务起一定的作用，而且对人身安全起重要保护作用。如防止人身触电、电弧灼伤等。要充分发挥电气安全用具的保护作用，则电气工作人员必须对各种电气安全用具的基本结构、性能有所了解，正确使用电气安全用具。

5.2.2 绝缘安全用具的使用检查

1. 基本安全用具

在纯电动汽车很多高压基本部件的拆装或零部件检修前的拆装时，为了避免出现操作人员触电危险，基本操作工具均进行了绝缘防护处理，同时需要符合一定绝缘等级，如绝缘等级 600V、1000V，即代表在相应电压级别以下的工作条件中，可以使用该工具进行拆卸等维修作业。所以在使用工具前必须进行绝缘工具的检查，通常包括绝缘认证是否标准、绝缘电压等级是否合规、工具绝缘层是否有破损等项目。

目前，使用较多的认证有 GS 认证、欧洲的 VDE 认证，绝缘工具在相应的手柄等位置均具有相应的认证及等级标识，如图 5-14 所示。

图 5-14　GS 认证及等级

对于检测工具，如绝缘测试仪，要进行相应的外观及使用条件检查，并进行基本的功能测试检查。如使用验电器时，应将验电器慢慢地靠近电气设备，如氖光灯发亮表示有电。验电器必须按其额定电压使用，不得将低压验电器在高压上使用，也不得将高压验电器在低压上使用。

2. 辅助安全用具

辅助安全用具种类较多，通常在使用前主要是外观与标准的检查。如绝缘鞋使用中要进行电压等级的检查，看是否符合使用环境，再进行外观检查，查看是否有断底、破皮等情况；使用绝缘手套前要仔细检查，查看使用电压等级，然后要进行有无破损、粘连、漏气等现象的检查。

5.2.3 绝缘安全用具的定期试验与存放保管

绝缘安全用具通常有使用时间限制，同时需要妥善保管，否则会缩短使用寿命，同时影响使用的安全性。使用合格可靠的工具，是确保人员及设备安全的最基础条件和手段。应建立健全制度，并对绝缘检测带电作业工具实行严格管护，主要应做好以下几方面工作：

1）落实安全责任。应由经验丰富技术水平较高的专业人员担任绝缘工具保管员，由专业技师协助，负责定期维修鉴定，按周期做好试验工作，如验电器每次使用前必须进行功能试验，绝缘手套要定期进行外观及基本检查。

2）所有用具必须登记账册，绝缘工具还应有电气试验合格证，依照现场规程规定填写和记录。使用中的工具应有醒目的铭牌、标记、规格型号和名称，有效使用日期应清楚。

3）带电作业工具、仪表和绝缘检测设备等应有专门房间存放，并配置齐全的保管设施，包括良好的通风设施、通用的取暖设施与去湿设施、红外线灯泡烘架及专用绝缘烘箱等。温度表、湿度表等准确齐全，保证房间有足够的面积和空间容量，带电作业工具应有固定存放位置，根据不同种类分开区域，分别用专用的箱、盒、架、台、袋装存。整个房间应长期保持干燥、清洁和通风。

4）绝缘安全工具，包括基本及辅助安全用具，保管期间内应注意防潮，按规定进行定期检查。绝缘杆件应垂直悬挂存放，绝缘手套应具有专业存放袋存储，绝缘鞋要注意防止发霉。如有受潮或机械损伤应及时处理、烘干并做必要的性能试验，合格后方可使用。存放工具的库房取暖或去湿设施应注意针对季节特点使用。冬季为防止冷空气进入结霜使工具受潮，应关掉取暖去湿设施；而夏季应经常用红外线设备烘烤绝缘工具。高架绝缘斗臂车的绝缘部分如在车库内存放时，应有防潮保护罩，库内必须干燥并通风。

5）金属工具或绝缘工具金属部分应有防锈措施，防止非使用状态的外部磕碰擦损。特别是丝杆等活动部位要严防碰撞，保证使用时灵活可靠。

6）新购置的绝缘测试带电作业工具应有机械和电气试验合格证，经过模拟操作验收合格后，由专责人员填写合格报告，获得批准后方可投入使用。

7）所有绝缘用具，使用完毕入库前必须进行相应的清洁维护处理，然后进行登记入库，不能有油污、破损等现象。

8）发现用具损伤、变形和性能降低等现象时，应及时分情况处理。经维修能够恢复性能的，修复后应经试验合格。如无机械和电气试验合格证或经试验未达到规定标准者、在有效使用期内已发生明显机械变形者、使用年限过长的工具经鉴定不能继续使用的，均应做报废处理，及时清理出库。严禁使用不合格的带电作业工器具。

5.3 新能源汽车维修的高压安全技术

新能源汽车涉及了一些电力方面技术，尤其是纯电动车有动力电池，动力电池具有高压电，而且有漏电的可能性，如果不注意保护就会触电，所以在更换纯电动汽车部件、维修、检测等过程中，都有可能触及到高压电，高压安全技术至关重要。

5.3.1 绝缘工具的使用

对于纯电动汽车，考虑到维修中高压安全，使用的工具必须具有相应等级的绝缘；本节中主要对绝缘维修工具进行讲解，例如绝缘扳手、绝缘套筒，如图 5-15 所示。

1. 基本绝缘拆装工具

与传统普通型工具相比，专用绝缘工具绝缘面积大，除了与零部件接触点没有绝缘外，其他地方均进行了相应绝缘处理，一般绝缘层通用使用红黄两色进行标识。绝缘防护胶柄等均使用耐高压、耐燃材料制作，同时具有防滑功能，一些典型绝缘工具如图 5-16 所示。

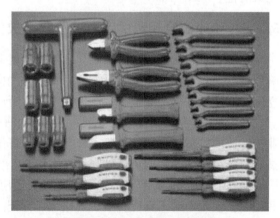

图 5-15　典型绝缘工具套装

2. 检测工具

除了进行拆装外，纯电动汽车维修作业也离不开一些检测工具，同时离不开绝缘检测，如万用表、绝缘测试仪等。将普通万用表进行升级，兼容了检测绝缘性的功能，改造成绝缘电阻万用表,该表既具备检测普通电压、电阻等功能,同时带有绝缘性检测功能;同时还有一些万用表在以上基础上,具有兼容钳流表的功能,如图5-17所示。

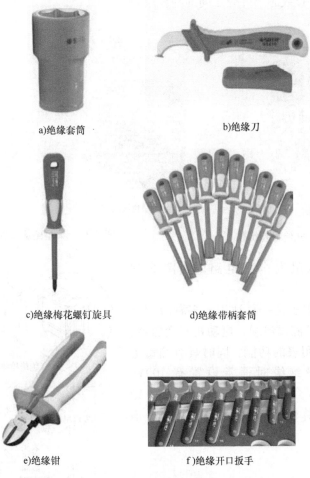

a)绝缘套筒　　　　　　　　b)绝缘刀

c)绝缘梅花螺钉旋具　　　　d)绝缘带柄套筒

e)绝缘钳　　　　　　　　　f)绝缘开口扳手

图5-16　典型绝缘工具

外部绝缘检测过程中,需要使用专用工具进行实施,目前一般使用绝缘检测仪进行绝缘电阻检测,绝缘检测仪是技术人员通过使用对导体、电气零件、电路和器件进行绝缘电阻测试来达到验证电气设备的质量、确保设备满足规程和标准、确定设备性能随时间的变化、确定故障原因的目的的一种功能仪器。新能源汽车绝缘检测中广泛使用的绝缘检测仪有机械式和电子式,如图5-18所示,可完成新能源汽车在高压绝缘测量、充电桩(插座)的搭铁电阻测量等新能源汽车维护与修理作业。

机械式一般使用较多的为手摇式绝缘电阻表,可以用于多种恶劣环境:如船舶、采矿、重工业领域及军事领域,强固外壳设计,结构紧凑、全封闭上盖。绝缘电阻表在使用中必须水平放置于平稳牢固的地方,以免在摇动时因抖动和倾斜产生测量误差。同时,绝缘电阻表有三个接线桩:"E"(搭铁)、"L"(线路)和"G"(保护环或叫屏蔽端子)。接线必须正确无误,保护环的作用是消除表壳表面"L"与"E"接线桩间的漏电和被测绝缘物表面漏电的影响。在测量电气设备对地绝缘电阻时,"L"用单根导线接设备的待测部位,"E"用单根导线接设备外壳；如测电气设备内两绕组之间的绝缘电阻时，将"L"和"E"分别接两绕组的接线端；当测量电缆的绝缘电阻时，为消除因表面漏电产生的误差，"L"接线芯，"E"接外壳，"G"接线芯与外壳之间的绝缘层。

图 5-17 兼容钳流表式绝缘检测仪

a) 典型机械式

b) 典型电子式

图 5-18 典型绝缘检测仪器

手摇式绝缘电阻表内部电路，如图 5-19 所示。

电子式绝缘电阻表是一种适用于多种应用场合的精密工具，包括测试电缆、电动机和变压器；该表既具有普通万用表的功能，同时具有测量绝缘性的功能，测量绝缘时通常设置有 100V、250V、500V、1000V 等档位。电子式具有"一键计算"功能，可计算极化指标和介质吸收率，消除了人为计算误差。

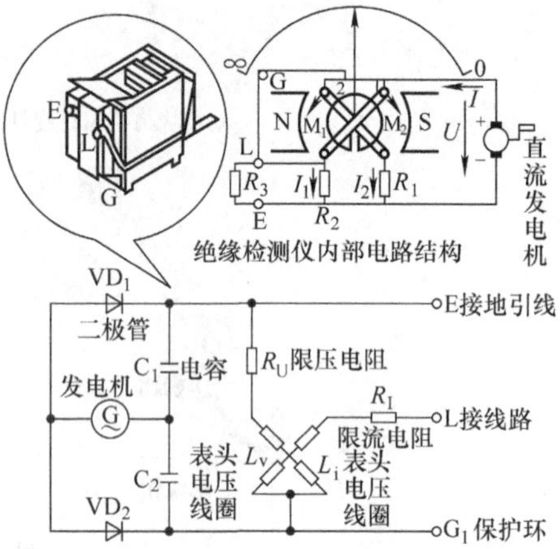

图 5-19 内部电路

5.3.2 绝缘检测

1. 绝缘检测的目的和意义

为什么要进行绝缘检测？电力设备在运行中受到电、热、机械、不良环境等各种因素的作用，其绝缘性能将逐渐劣化，以致出现缺陷，造成故障，引起供电中断。通过对绝缘的试验和各种特性的测量，了解并评估绝缘在运行过程中的状态，从而能早期发现故障的技术称为绝缘的监测和诊断技术。前面章节也进行了绝缘防护中内部绝缘监测的讲解，本节主要进行绝缘检测的实际诊断方法。

对电气设备定期进行绝缘预防性试验，能及时发现设备绝缘材料遗留的或运行中产生的局部缺陷，便于掌握电气设备的运行状况及其绝缘的完好性，判断电气设备能否继续投入运行和预防损坏，使设备始终保持较高的绝缘水平，是保证电气设备绝缘可靠的重要工作。

2. 绝缘检测基本方法

对于封闭回路的高压直流电气系统，其绝缘性能通常用电气系统中电源对地漏电流的大小来表征。现在普遍使用两种漏电流检测方法：辅助电源法和电流传感法。

使用电子式绝缘表或手摇式绝缘电阻表进行绝缘检测时，首先要进行仪表的检查，再进行正确的测试,纯电动汽车相应部件的绝缘检测,要注意进行高压防护。

3. 绝缘检测操作安全要点

电动汽车绝缘检测操作过程中,必须遵循一些原则,否则容易出现电击、损坏器件等危害,操作安全基本要点如下:

1)使用仪表前检查表笔的绝缘层是否完好,应无破损,检查仪表后盖是否盖好,未盖好前严禁使用,否则会有电击的危险。

2)测试前先确认导线的连接插头已紧密地插入端子内,功能选择开关设定在与被测对象相应的位置上。

3)为避免电击,在测试时,测试人员及其他人员严禁接触测试引线头及被测电路和零部件,因其在被检测时已经带有高压强电。在测试时请勿转动功能选择开关。

4)使用后务必将功能选择开关旋于 OFF 位置。

5)仪表处于潮湿状态下,请勿使用或更换电池。

6)请勿在易燃性场所测试,火花可能引起爆炸。

7)仪表在使用过程中,机壳或测试线发生断裂而造成金属外露时请停止使用。

8)测试端子间请勿加超过 AC 或 DC600V 的电压。

9)测试端子间请勿加超过 AC 或 DC600V 的电压。

10)仪表显示电量不足时应及时更换电池,以确保测量的准确性,长期不使用时,请将电池取出保管。

11)更多要求详见《数字式绝缘电阻测试仪使用说明书》(随仪器)。

12)绝缘检测需要穿戴绝缘防护套装。

13)绝缘检测应符合以下标准:当空气相对湿度≤90%时,检测的绝缘电阻值应≥20MΩ;当空气相对湿度>90%时,检测的绝缘电阻值应≥2MΩ,不符合以上标准则应查明原因,直至符合绝缘标准为止。

4. 绝缘检测注意事项

1)检查激励电路中所有通过熔丝、开关装置和断路器的漏泄电流。漏泄电流会导致读数不一致和错误。

2)由于在绝缘被损坏时仪器会产生电弧,请勿在危险或爆炸性气体环境中使用绝缘电阻测试仪。

3)请勿在电子器件上使用绝缘电阻测试仪。

4)在连接测试线时请使用绝缘橡胶手套。

5.3.3 高压断电流程

1. 新能源汽车作业高压断电规范化的必要性

新能源汽车涉及高压电操作时,随时都可能存在高压安全隐患,所以,进行高压电操作时,必须规范,符合操作安全,尤其涉及纯电动汽车拆卸动力电池时,前期必须进行严格的高压断电工作。

2. 高压安全断电步骤(以北汽 EV160 车型为例)

1)前期准备工作,需要专业人员持证上岗(图 5-20),二人以上方可操作。

2)设标志牌并签字(图 5-21)。

图 5-20　低压电工作业证　　　　　　图 5-21　设标志牌并签字

3）检查车间工作现场环境，应符合标准，进行警示牌、绝缘垫、隔离桩、绝缘辅助用具、绝缘基本用具、专用检测仪器仪表等外观检查及功能性检查，逐一就位，如图 5-22 所示。

a) 绝缘垫　　　　　　　　　　　　　b) 安全隔离桩

c) 绝缘工具

d) 绝缘防护用具

图 5-22　绝缘防护设备及用具

4）钥匙置 OFF 档，专人妥善保管，严禁置于他人可触及处（图 5-23）。

5）地面绝缘性检测，切断低压电池负极线并进行防护处理和绝缘处理，静置 3~5min（静置 3~5min 的时间可以做车辆举升前的准备工作、外观检查工作、车身防护工作）。

6）断开维修开关（或 35 针低压插头），妥善处理，严禁置于他人易触及处。注意：断开 35 针插件时，不可蛮拉、防止倒针、断裂，如图 5-24、图 5-25 所示。

图 5-23　钥匙置 OFF 档

图 5-24　35 针低压插头

7）举升车辆，升车后先断开动力电池低压插头，然后断开高压插头（图 5-26）。注意：举升机支臂的托盘胶垫要与车辆底部指定位置重合，否则会出现金属变形。

图 5-25　维修开关

图 5-26　断开低压、高压插头

8）完成后续的验电、放电工作及其他工作。

5.3.4　验电及放电规范与方法

1. 验电规范及基本方法

新能源汽车在维修作业之前为了保证操作的安全性，经常要进行验电操作，验电其实主要就是检测高压负载是否还有输出电量；在断开高压相关插接件后，通过验电确定设备是否仍然有电量，如有残存电量，必须进行放电处理或其他防护处理，防止带电操作引发恶性事故，保证操作人员安全。

纯电动汽车通常使用专用仪器进行相关部件验电，如图 5-27 所示，使用验电仪器时，

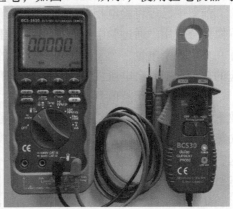

图 5-27　验电仪器

应先在有电设备上进行试验，确认验电器功能良好；如果无法在有电设备上进行试验时可用工频高压发生器等确认验电器良好。验电时人体应与被验电设备保持安全距离，并设专人监护。使用伸缩式验电器时应保证绝缘的有效长度。验电时应戴绝缘手套。对无法进行直接验电的设备，可以进行间接验电。

以下为验电过程中一些要求及规范：

（1）对人的要求　验电最关键的是要验正确。要防止发生将有电当无电、强电当静电的错误判断，必须做到端正工作态度，克服麻痹大意和走过场的错误习惯，要熟悉和掌握验电的方法和要领。

（2）验电时的安全要求　验电时必须使用与所验电压等级相符的验电器或者万用表，禁止发生不加区别混用验电器的违章作业行为。因为以低压验高压时，绝缘强度无保证，操作人的人身安全将受到威胁。而以高压验低压时，实际电压可能达不到验电器发光管的清晰发光电压（一般为额定电压的25%左右）。验电时，如该验电器无声音，再加上光线强，光管发光与不发光将难以辨识，稍有疏忽就有可能把有电验成了无电。

（3）验电地点的要求　验电地点应使用绝缘垫，验电前应对地检测地板绝缘强度。

（4）确认验电器良好　验电前，对所使用的验电器不仅要检查合格，即在试验有效期内，而且还要在与所验电压等级相同的有电设备上试验证实器具良好，这样才可以进行实际操作验电。

（5）验电应掌握正确的方法　使用验电器应逐渐接近导体，操作人员要记住该验电器在该电压等级时的发光报警距离，以做到心中有数，边操作边判断（对一般验电器的发光报警距离，使用时应参照产品说明书，并以现场实地试验后确定的数字为准）。

遵照规程要求，验电的安全要领是：使用基本绝缘安全用具还须配合以辅助安全用具；操作人员必须戴绝缘手套；下雨天气还应使用带有防雨罩和防水功能的验电器，禁止使用普通验电器，以避免被淋湿后发生沿面放电或闪络。

对于纯电动汽车而言，在进行动力电池的操作维修作业时，必须进行输出端的验电检测。针对检查端，通常有两处可以进行操作：第一是举升车辆后（动力电池在车辆底部的），直接拔掉动力电池高压母线接插件，进行相关验电；第二是不举升车辆，而是在高压配电箱或机舱内集成箱接插件处拆拔掉动力电池母线，进行验电。

2. 放电基本简介与方法

前叙中已经将验电相关事项进行讲解，通常验电与放电过程要配合使用。通过验电过程，很多高压相关部件负载等均会存在一定残余电量，为了后续维修作业的安全性，必须进行相应的放电，把残余电压放干净，再进行高压维修作业。

通常使用专用放电器进行放电操作，如图5-28所示。使用放电工装前，首先要查看放电工装相关参数规格，并进行相关功能试验；当有电荷通过放电工装时，放电工装相应小灯会亮起，直到灯熄灭，放电一次完毕。放电一次完毕时，必须再次进行验电操作，保证放电真正有效。

图5-28　放电工装

5.4 新能源汽车维修高压安全操作要求

5.4.1 操作人员执业资格

电动汽车维修操作人员必须持证上岗，并经过培训，才能进行操作。

1) 必须执有国家安监局颁发的《特种作业操作证（低压电工证）》才能上岗。
2) 必须经过汽车企业专业技术培训，并通过考核。
3) 掌握新能源汽车构造原理和维修诊断知识与技能。
4) 掌握新能源汽车售后服务知识与技能。
5) 具有安全、文明生产和环境保护的相关知识和技能。

5.4.2 操作人员编制

维修新能源汽车高压器件时，在维修现场至少配备2名人员。

1) 维修操作人员1人。
2) 专职监护人1人。

5.4.3 安全操作环境的建立

1. 新能源汽车维修车间场地与设施要求

工作环境的好坏将直接影响是否发生事故，新能源汽车维修车间的场地与设施比普通汽车维修车间要求要高。图5-29所示为新能源汽车维修车间示意图。

（1）使用面积　高压维修车间的面积根据实际要求确定，并符合国家相关规定。

（2）采光　明亮的车间可以让车辆维护人员能够更加清楚地观察到周围的部件及物体，避免因为视线不好意外触碰到高压而发生事故，同时也能够有利于其他人员及时观察到可能存在的隐患。

图 5-29　高电压车辆维修车间

维修车间的采光应按照GB 50033—2013的有关规定执行。采光设计应注意光的方向性，应避免对工作产生遮挡和不利的阴影。对于需要识别颜色的场所，应采用不改变自然光光色的采光材料。

（3）照明　当自然光线不足时，应配置人工照明。人工照明光源应选择接近自然光色温的光源。维修车间的照明要求应符合GB 50034—2013的有关规定。进行精细操作（划线、金属精加工、间隙调整等）的工作台、仪器、设备等的工作区域的照度不应低于500lx。照度不足时应增加局部补充照明，补充照明不应产生有害炫光。

（4）干燥　干燥是为了降低维护区域人员的触电风险。因为当湿度增加时，人体和空气的绝缘电阻就会增加，那么在相同的电压下，人体触电的风险也就增加了。因此高电压维修车间必须保持干燥。

（5）通风　通风有利于在维护车辆期间产生的有害物排出。在发生触电事故的情况下，通风的环境能够更加有利于伤者呼吸到更多的氧气。

通风应符合 GB 50016—2004 和工业企业通风的有关要求。

（6）防火　应符合 GB 50016—2014 有关厂房、仓库防火的规定以及 GB 50067—2014 的有关规定。

（7）卫生　卫生应符合 GBZ 1—2010、GB/T 12801—2008 的有关要求。

（8）安全标志　安全标志应符合 GB 2894—2008、GB 2893—2008 的有关要求。当工位上有高电压车辆进行维修时，要求在工位周围必须布置有明显的警示标识，避免他人未经允许进入高电压工位而发生危险，图 5-30 所示为一些特定的高压警示标识。

图 5-30　高压警示标识

2. 新能源汽车维修工位布置

新能源汽车维修工位的布置应满足以下要求：

1）专用的维修工位。
2）清洁，干燥，通风良好。
3）维修作业前应设置安全隔离警示。
4）维修工位上必须配有防护用具。
5）避免无关人员靠近。

5.4.4　安全操作规范

新能源汽车涉及高压电，在维修过程中保证按照工作流程进行，才能保护人们自身安全和车辆、设备安全。

1. 新能源汽车维修流程

新能源汽车维修时必须严格按照流程进行，其维修的合理流程如图 5-31 所示。

2. 新能源汽车维修规范

维修新能源汽车时，必须遵循高电压操作规范和机动车维修操作规范。

高压安全操作维修规范如图 5-32 所示。

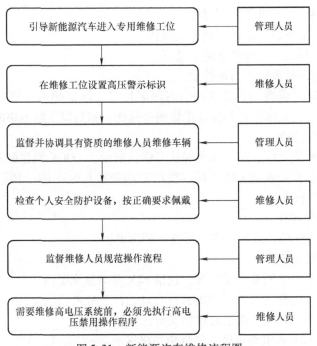

图 5-31　新能源汽车维修流程图

图 5-32　高压安全操作维修规范

在高压安全操作规范中要求:

1) 对于车辆维修过程中的高压配件必须立即标识明显的高压勿动警示（图5-33），并禁止将带有高压电的部件放置在无人看管的环境下。

2) 高电压修理与维护过程中,维修人员禁止将手表、金属笔等金属物品随身携带。

图 5-33　高压勿动警示

3) 严禁非专业人员对高压部件进行移除及安装。

4) 未经高压安全培训并取得许可证的维修人员,不允许对高压部件进行维修等操作。

5) 车辆在充电过程中不允许对高压部件进行拆装、维修等工作。

6）维修前必须进行高电压禁用操作。

7）维修完毕后上电前，确认车辆无人操作。

8）更换高压部件后，测量搭铁是否良好。

9）电缆接口必须按照标准力矩拧紧。

10）在执行车辆维修期间，必须同时有两名持有上岗证的人员进行工作，其中一名人员作为工作的监护人，工作职责为监督维修的全过程。如当发生触电事故时，监护人应该立即采取有效措施执行急救。

11）对高压部件进行作业前，必须确认车辆钥匙处于LOCK档位并将12V电源断开。

12）高压部件打开后或插头断开后，使用万用表对其电压进行测量，电压在36V以下才可以进行下一步的操作。

3. 高压禁用操作程序

拆卸维修高压系统前，必须首先执行高压禁用流程！

高压禁用操作程序如下：

（1）移　移除车辆上所有外部电源，包括12V蓄电池充电器。

（2）拔　拔出充电枪（仅针对插电式混合动力汽车或电动汽车）。

（3）关　关闭点火开关，把钥匙放到安全区域。

（4）断　断开12V蓄电池负极，并远离负极区域。

（5）取　取下维修开关（MSD），放到安全区域。

（6）等　等待5min，以保证高压能量全部释放。

（7）查　佩戴个人安全防护设备，拆卸高压连接器，开始下一步的电压验证。

4. 新能源汽车维修安全规程

1）维修作业时

① 必须穿戴齐全个人安全防护用品。

② 开始作业前必须设置安全隔离，并放置安全警示牌。

③ 开始作业前必须对工位铺设的绝缘垫进行绝缘检测。

④ 必须用干净的布或塑料罩对车辆进行保护，以免损坏车辆。

⑤ 工作要由两名或更多工作人员完成时，尽可能经常相互沟通。

⑥ 高压断电、验电和放电完成之前必须佩戴绝缘手套。

⑦ 举升车辆之前必须按操作规程进行相应的检查，车辆举升高度原则上不超过1.7m。

⑧ 在进行动力电池拆装过程中，必须严格注意动力电池举升车的举升高度和与动力电池的接触情况。

⑨ 在拆装各类线束（缆）时，一定要注意各插接件按要求进行断开与接合。

⑩ 任何设备工具的操作必须符合操作安全规程。

2）由于涉及"高"压操作，所以必须进行断电、验电和放电操作。以北汽新能源EV160为例，操作步骤如下：

① 断电操作，以先将车钥匙置于OFF档，并拔下蓄电池负极电缆随后对桩头做物理及电气隔离，之后通过断开（拨出）PDU控制电路35针插件。

② 验电和放电操作。验电其实就是检测高压直流是否还有输出，以保证后续的安全操作，所以检查端应该是在动力电池输出端，断开动力电池高压电缆有两种方法：一种是把车举起来从动力电池接插件处拔掉（有举升机的条件下，如动力电池更换项目）；另一种是不

举升车辆而是在 PDU 接插件处拔掉（没有举升机的条件下，如高压绝缘故障项目）。

无论是断开动力电池高压电缆 PDU 端（在前机舱）还是断开动力电池端（在底盘），接下来要做的有两步：

① 验电过程：用万用表直流电压档测试电池接口端是否还有电压（这是在车下方进行的，车辆在举升机上，如动力电池更换项目）。如果是在 PDU 接插件处断开的，就对电池的高压电缆插头进行直流电压档检测（这是在前机舱里进行的，如高压绝缘故障）。

② 放电过程：用放电工装对着负载端放电，如果在车的下方就对高压电缆插头放电（因为这时另一段连接的是 PDU——负载侧，如动力电池更换项目）。如果是在前机舱里放电就拔掉 PDU 端给空调压缩机供电的接插件，在此给高压负载放电既可（这是在前机舱里进行的，如高压绝缘故障）。

5. 新能源汽车作业十不准

1）非持证电工不准装接电动汽车高压电气设备。
2）任何人不准玩弄电气设备和开关，如图 5-34 所示。
3）破损的电气设备应及时调换，不准使用绝缘损坏的电气设备。
4）设备检修切断电源时，任何人不准起动挂有警告牌的电气设备，或合上拔去的熔断器，如图 5-35 所示。

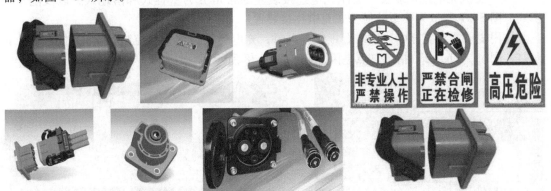

图 5-34　高压电气设备和开关　　　　　　图 5-35　挂有警告牌的电气设备

5）不准用水冲洗揩擦电气设备。
6）熔丝熔断时，不准调换容量不符的熔丝。
7）不经技术部门或主管部门审批，不准私自改动和加装。
8）发现有人触电，应立即切断电源进行抢救，未脱离电源前不准直接接触触电者。
9）雷雨天气，禁止在室外对车辆充电和维修维护（图 5-36）。

6. 新能源涉电作业安全操作规范

为切实加强电动汽车维修作业管理，确保维修服务人员人身安全，结合电动汽车产品特点，要遵守以下操作规范。

1）服务人员进行高压系统检修时，必须佩戴相应的防护用品：高压绝缘防护手套、护目镜，并使用高压绝缘工具。
2）电控单元及高压系统部件的高压线束不可带电断开回路或插拔端子，防止造成电控单元及高压系统部件损坏或影响人身安全。
3）拆卸维修高压部件时，首先断开蓄电池低压负极，等待 5min 后，使用专用万用表进行电压测量，如所测量值大于 0V 时应使用专用放电工装对该部件进行放电，当电压完全消失后方可进行下一步。

4）高压系统的检测检查应使用专用的诊断和检测仪器设备、万用表测量高压系统，应两人配合使用单手，万用表检测时应注意量程，原则上，不得使用电流档检测回路电流（使用钳流表）。

5）动力电池、控制器、高压盒开盖检修时应注意防止工具、螺栓、螺母掉入水等液体中造成电路短路，引发事故。

图 5-36 禁止雷雨天充电

6）车辆完成维修后，应对高压低压电器部件、系统及接插件进行检查，确认无误后，方可上电。

5.4.5 新能源汽车充电安全注意事项

1. 充电系统

(1) 交流充电连接装置　交流充电连接装置通常可分为壁挂式和落地式，以及随车便携式。图 5-37 所示为典型的便携式充电连接装置。

使用便携式交流充电连接装置正常充电时，充电连接装置上的控制盒点亮"Ready"指示灯，同时"Charge"指示灯点亮闪烁，如图 5-38 所示。

图 5-37 便携式充电连接装置（交流）

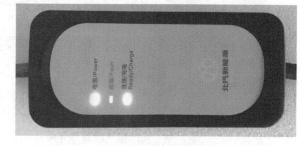

图 5-38 正常充电状态

(2) 交流充电口总成　交流充电口总成又称慢充口，用于将外部充电设备的交流电源连接到车辆充电回路上。车辆外部通过充电连接装置连接到交流充电设备，车辆内部通过高压电缆连接到车载充电器上，车上交流充电口如图 5-39 所示。

(3) 车载充电机　车载充电机是将交流充电口传递过来的交流电源转换为直流高压电来为动力电池充电的部件，通常位于前机舱内。现阶段很多车型已经将车载充电器与机舱内其他部件完全集成一体。

图 5-39 交流充电口

2. 充电注意事项

交流电路和电源插座（16A 插座）不允许使用外接转换接头、插线板等，且应确保 16A 电源插座接地良好。专用交流电路是为了避免线路破坏或者由于给动力电池充电时的大功率导致线路跳闸保护,如果没有使用专用线路,可能影响线路上其他设备的正常工作。

(1) 充电设备使用注意事项

1) 不要在充电插座塑料口盖打开的状态下关闭充电口盖板。

2) 不要用力拉或者扭转充电电缆。

3) 不要使充电设备承受撞击。

4) 不要把充电设备放在靠近加热器或其他热源的地方。

5) 充电时,不建议人员停留在车辆内。

6) 充电时,建议将车辆停放在通风处。

7) 停止充电时应先断开交流充电连接装置的车辆插头,再断开电源端供电插头。

8) 不要将车辆搁置在超过55℃以上或低于-25℃环境下超过24h。

(2) 新能源汽车机舱使用注意事项

1) 打开电动车机舱前,必须将钥匙拧至OFF档;电动车机舱内部标有高压危险警示标的器件,严禁用手直接去触摸;车辆机舱内严禁喷水、冲洗;不要在雨中打开前舱盖,以防止漏电。

2) 用户不得私自开启高压电器盒。如果高压熔丝熔断,表示汽车电气系统有较大的故障,应立即与新能源汽车4S店联系。

3) 在进行前舱作业之前,必须关闭起动开关。

(3) 发生事故时的注意事项

1) 保持车辆处于N档,关闭汽车。

2) 如果车上电线裸露或破损,禁止触碰任何电线,以防触电。

3) 如果发生火灾,应立刻离开车辆并用磷酸铵盐类灭火器灭火,或用大量水灭火。

本 章 小 结

1. 维修开关的作用是在车辆维修时直接断开高压回路,从而保证操作人员的安全。

2. 新能源汽车通常采用两种形式进行高压的标识警示,包括高压警示标识和导线颜色。

3. 车辆自身高压防护措施包括等电位联结、电气隔离、自动断路功能、互锁监测及保护、过电流及短路保护。

4. 安全防护工具主要包括警示牌、绝缘手套、皮手套、绝缘鞋、防护眼镜、绝缘帽、绝缘表、绝缘工具。

5. 制度与环境防护为基本防护工作。

6. 电动汽车维修操作人员必须经过培训,并在通过考核后持证上岗。

7. 新能源汽车维修时,在维修现场至少配备2名人员:维修操作人员、专职监护人。

8. 维修高压车辆时,必须遵循高压操作规范和机动车维修操作规范。

9. 高压禁用操作程序:移、拔、关、断、取、等、查。

复习思考题

1. 维修开关的安装位置、功用是什么?

2. 简述0类设备、Ⅰ类设备、Ⅱ类设备、Ⅲ类设备的主要特征及安全措施。

3. 简述高压车间场地与设施要求、高压维修工位布置要求。

4. 简述新能源汽车(高压车辆)维修时的断电、验电、放电流程。

5. 简述新能源汽车维修在高压安全操作规范中要求。

6. 新能源汽车维修操作人员必须具备哪些资格?新能源汽车操作人员编制有哪些?

7. 简述新能源汽车作业十不准。
8. 简述新能源汽车充电安全注意事项。

实 训 项 目

实训 10　专用高压防护用具的使用

一、实训目标
（1）了解专用高压防护用具的用途，并在老师的指导下正确使用，避免出现安全事故。
（2）了解专用高压防护用具的作用，并在老师的指导下正确操作。
（3）能够判断实操场地是否符合安全操作规范、要求。

二、实训时间
20min。

三、实训所需材料与工具
（1）警示标志，警示隔离带，遮拦。
（2）绝缘手套（等级 1000V/300A 以上），劳动手套或防滑手套，绝缘帽，绝缘鞋，护目镜。
（3）绝缘专用工具。
（4）汽车专业万用表。
（5）培训用车。

四、实训步骤

1. 注意事项
请务必按照老师的指导，合理使用防护用品及专业工具，并严格按老师示范动作操作，做到安全、正确，并防止造成实操总成及车辆的损坏。

2. 实施
（1）认识并检查绝缘手套和皮手套（图 5-40）。根据检查目的，写出用前检查相关项目，注意操作中使用事项。
绝缘手套检查项目：＿＿＿＿＿＿＿＿＿＿＿＿＿＿＿＿＿＿＿＿＿
（2）认识并检查安全帽和绝缘鞋（图 5-41）。根据检查目的，写出用前检查相关项目，注意操作中使用事项。

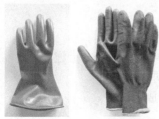

图 5-40　绝缘手套和劳动手套　　　　　　　　图 5-41　安全帽和绝缘鞋

安全帽检查项目：_____

绝缘鞋检查项目：_____

(3) 认识标识牌和遮拦，如图 5-42 所示，并进行场地内规范安放。

图 5-42　标识牌和遮拦

标识牌含义：_____

遮拦检查项目：_____

(4) 认识护目镜并写出用前检查及操作中使用注意事项，如图 5-43 所示。

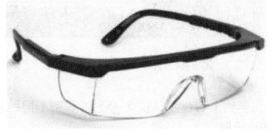

图 5-43　护目镜

护目镜检查项目：_____

(5) 写出绝缘垫的用前检查及操作中使用注意事项。

绝缘垫检查项目：_____

实训 11　维修开关的拆卸与安装

一、实训目标

(1) 学员能够找到维修开关的安装位置，并能正确地拆卸与安装。

(2) 通过对维修开关的拆卸安装操作，为后续高压部分及系统的维修打下基础。

二、实训时间

25min。

三、实训所需材料与工具

(1) 维修开关。

(2) 绝缘专用工具。

(3) 培训用车。

四、注意事项

请务必按照老师的指导，合理使用防护用品及专业工具，并严格按老师示范动作操作，做到安全、正确，并防止造成实操总成及车辆的损坏。

五、实训步骤

(1) 实操前需安置两侧遮拦并增添 1~2 名培训学员作为安全监护人。

(2) 填写上电、断电操作单(实操人员原则上持有电工证)。

(3) 将所有充电口用黄黑色胶带封住。

(4) 关闭点火开关,并将钥匙专人保管。

(5) 拆下 12V 蓄电池负极(图 5-44),一般车辆需静置 5min 后,才能解除其他高压部件。没有维修开关的车辆,在断开蓄电池之后至少静置 5min,也可根据具体车型的要求来决定静置时间。

图 5-44　拆下 12V 蓄电池负极

(6) 找到维修开关在车辆上的位置(图 5-45)(车型不同维修开关的位置是不一样的),并拆除后排座椅和地板胶。

图 5-45　维修开关的位置

维修开关位置:＿＿＿＿＿＿＿＿＿＿＿＿＿＿＿＿＿＿＿＿＿＿＿＿

(7) 佩戴绝缘手套和绝缘鞋。

(8) 拆除维修开关遮板,解除维修开关锁扣并拔下维修开关,注意维修开关锁分两级,在拆装过程中避免开关损坏。

(9) 收好车辆钥匙和维修开关,锁入主操作人工具箱。

(10) 遮拦上与维修开关处安置警告标识牌。

实训 12 认识并使用绝缘工具

一、实训目标

（1）认识绝缘认证及等级。

（2）会使用绝缘基本操作工具进行安全操作。

（3）会使用绝缘测试仪、绝缘电阻表测量。

二、实训所需工具及设备

绝缘工具套装、绝缘防护用具、绝缘测试仪、绝缘电阻表、测量器件（导线、钢管等）。

三、实施过程

（1）准备工具。

（2）根据套装工具（图 5-46），逐类认识绝缘基本操作工具，并找到所有工具相应认证及等级。

图 5-46 套装工具

（3）佩戴高压防护用具，使用一种绝缘基本操作工具进行简单的拆解练习。

（4）认识数字式兆欧表（图 5-47），并正确地连接测量线，进行电压、电阻等基本项目的测量，并进行绝缘档的使用练习。

① 绝缘表基本检查。

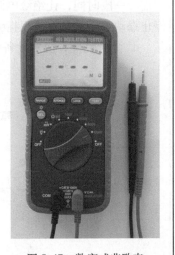

图 5-47 数字式兆欧表

② 在已知带电体上进行功能性试验检查（图5-48）。

图 5-48 进行功能性试验检查

③ 进行基本电压、电阻的测量练习。
④ 进行绝缘档位基本测量练习。

（5）认识手摇式绝缘电阻表，正确地连接测量线，进行基本器件绝缘性测试练习（图5-49）。

① 使用前的准备工作：

a. 检查绝缘电阻表是否能正常工作。将绝缘电阻表水平放置，空摇绝缘电阻表手柄，指针应该指到∞处，再慢慢摇动手柄，使 L 和 E 两接线桩输出线瞬时短接，指针应迅速指零。注意在摇动手柄时不得让 L 和 E 短接时间过长，否则将损坏绝缘电阻表。

b. 检查被测电气设备和电路，看是否已全部切断电源。绝对不允许设备和线路带电时用绝缘电阻表去测量。

c. 测量前，应对设备和线路先行放电，以免设备或线路的电容放电危及人身安全和损坏绝缘电阻表，这样还可以减少测量误差，同时注意将被测试点擦拭干净。

② 正确使用注意事项：

a. 水平放置绝缘电阻表。

b. 正确接测量线。

c. 摇动手柄的转速要均匀，一般规定为120r/min，允许有 ±20% 的变化，最多不应超过 ±25%。通常都要摇动1min后，待指针稳定下来再读数。如被测电路中有电容时，先持续摇动一段时间，让绝缘电阻表对电容充电，指针稳定后再读数，测完后先拆去接线，再停止摇动。若测量中发现指针指零，应立即停止摇动手柄。

d. 测量完毕，应对设备充分放电，否则容易引起触电事故。

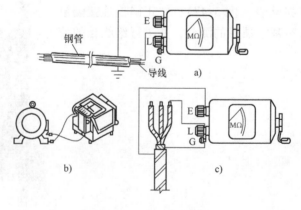

图 5-49 测量基本器件

实训 13　绝缘检测工具的使用与实车绝缘检测

一、实训目的

（1）认识电子式绝缘电阻万用表。

（2）能使用电子式绝缘电阻万用表进行绝缘检测，并掌握基本步骤。

二、实训所需工具及设备

北汽新能源 EV160 实训车辆（图 5-50）、电子式绝缘电阻万用表（图 5-51）、基本防护（图 5-52）及拆卸工具（图 5-53）等。

图 5-50　EV160 纯电动汽车

图 5-51　电子式绝缘电阻万用表

图 5-52　基本防护用具

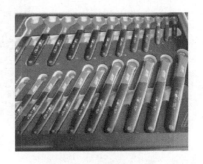

图 5-53　绝缘工具

三、实施过程（以测量动力电池母线绝缘性为例）

（1）进行场地安全警示，并进行个人基本防护，拔下车钥匙，专人保管，做好一切准备。

（2）绝缘垫绝缘性检测（图 5-54）。

图 5-54　绝缘垫绝缘性检测

(3) 断开低压蓄电池负极并做好防护 (图 5-55)。

图 5-55　断开低压蓄电池负极

(4) 保护蓄电池负极 (图 5-56)。

图 5-56　保护蓄电池负极

(5) 佩戴绝缘手套断开 PDU35 针插件 (图 5-57)。

图 5-57　断开 PDU35 针插件

(6) 数字式兆欧表开、短路试验（图 5-58）。

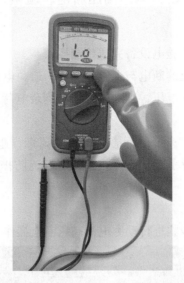

图 5-58　数字式兆欧表开、短路试验

(7) 拆卸动力电池高压电缆插件（图 5-59）。

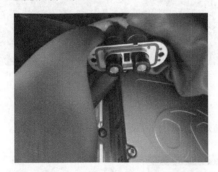

图 5-59　拆卸动力电池高压电缆插件

(8) 测量动力电池高压电缆绝缘情况（>550MΩ 正常），如图 5-60 所示。

图 5-60　测量动力电池高压电缆绝缘情况

(9) 检测完毕，恢复所有部件，整理场地工具，进行 7S 管理。

实训 14　动力电池高压断电、验电、放电操作

一、实训目的

（1）能使用专用万用表、验电设备完成检测操作。

（2）能正确完成高压系统的断电与上电的操作，避免电击事故的发生。

（3）通过检测高压端口的电压，判断是否还有剩余电荷，完成维修操作前期工作。

二、实训工具及设备

　　EV160 实训车辆，举升机；警示标志，警示隔离带，遮拦；绝缘手套（等级 1000V/300A 以上），劳保手套或防滑手套，绝缘帽，绝缘鞋，防护镜；绝缘专用工具；放电专用工具。

三、实施过程

（1）根据高压安全断电步骤进行动力电池高压断电操作（图 5-61）。

图 5-61　进行高压断电操作

（2）高压断电后要对高压负载进行验电，如图 5-62 所示。

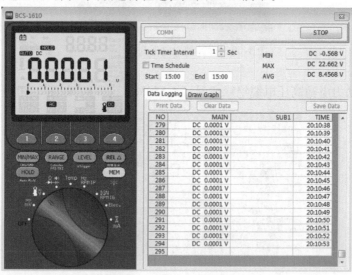

图 5-62　对高压负载进行验电

(3）如验电后，不符合标准（0V），需要进行相应部件放电，必须使用放电工装（图 5-63）进行规范放电；放电结束后必须再次进行验电，确认电压为零。

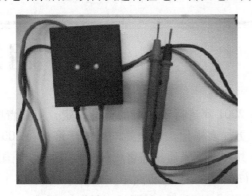

图 5-63　放电工装

（4）对高压插接件进行绝缘防护处理，如可以使用安全锁进行防护（图 5-64）。

图 5-64　安全锁

（5）完成断电、验电、放电操作，恢复后必须进行上电检查，确保无故障。

注意事项：

（1）举升高度：戴着安全帽可以自由操作的高度，不可过低。

（2）举升、落车及操作高压电过程时二人密切配合，监护人必须进行全程监护，举升到位需观察确实双侧可靠锁止。

（3）车底作业必须戴安全帽、下颚带。

（4）维护与检修高压系统及部件时，必须戴绝缘手套。

附录

相关国家标准

电动汽车安全要求在2001年进行了相应的标准制定，但随着电动汽车的快速发展，尤其是近五年来，电动汽车更加多样化，安全要求更加严格，在2001年标准基础上，安全要求进行了修订，中华人民共和国国家质量监督检验检疫总局和中国国家标准化管理委员会于2015年5月15日共同发布了2015版电动汽车安全要求（GB/T 18384.3—2015）标准，来代替2001版电动汽车安全要求（GB/T 18384.3—2001）标准，并于2015年10月1日开始实施。

一、GB/T 18384.1—2015 电动汽车安全要求第1部分：车载可充电储能系统（REESS）

第1部分主要对车载可充电储能系统（REESS）进行了定义与说明，本部分规定了电动汽车B级驱动电路系统的车载可充电储能系统的要求，从而确保车辆内部、外部人员以及车辆环境的安全。同时本部分适用于车载驱动系统的最大工作电压是B级电压的电动汽车。电动摩托车和电动轻便摩托车可参照执行。本部分不适用于非道路车辆，例如物料搬运车和叉车，不适用于指导电动汽车的装配、维护和修理。

标准对几个术语进行了定义。

1. 可充电储能系统

可充电的且可提供电能的能量存储系统，如蓄电池、电容器。

2. 电力系统

电路，包括电源（例如燃料电池堆、蓄电池）。

3. 最大工作电压

在正常的工作状态下，电力系统可能发生的交流电压有效值或者直流电压的最大值，忽略暂态峰值。

4. B级电压电路

最大工作电压大于30V且小于或等于1000V，或者大于60V直流且小于或等于1500V直流的电力组件或电路。

5. 单点失效

未采用安全机制进行保护的系统或系统中的部分（包括硬件、软件）故障而导致的失效。

第1部分中，对高压标记与标识进行了规定，符合底色为黄色，边框和箭头为黑色。同时对绝缘电阻、电气间隙和爬电距离、有害气体和其他有害物质排放、充电系统产生的热量、过电流断开等进行了严格要求

二、GB/T 18384.2—2015 电动汽车安全要求第2部分：操作安全和故障防护

本部分针对电动汽车所特有的危险规定了操作安全和故障防护要求，以保护车辆内外人

员的安全。本部分同样适用于车载驱动系统的最大工作电压是 B 级电压的电动汽车。电动摩托车和电动轻便摩托车可参照执行。本部分不适用于非道路车辆,例如物料搬运车和叉车,不适用于指导电动汽车的装配、维护和修理。

标准对几个术语进行了定义。

1. 可行驶模式

当踩下加速踏板(或激活某种控制设备)或松开制动系统,车辆的驱动系统就可以移动车辆的模式。

2. 可充电储能系统

可充电的且可提供电能的能量存储系统,如蓄电池、电容器。

3. B 级电压电路

最大工作电压大于 30V 且小于或等于 1000V,或者大于 60V 直流且小于或等于 1500V 直流的电力组建或电路。

同时对于操作安全,进行了驱动系统电源接通和断开程序、车辆和外部电源的物理连接的说明。

驱动系统电源接通和断开程序:车辆从驱动系统电源切断状态到"可行驶模式"应至少经过两次有意识的不同动作;从"可行驶模式"到驱动系统电源切断状态只需要一个动作;动力电源对驱动电路的主开关功能是驱动系统电源接通/断开程序的必要部分;应连续的或间歇地向驾驶人指示,车辆已经处于"可行驶模式";车辆停止时,驱动系统自动或手动关掉后,只能通过上述程序重新进入"可行驶模式"。

车辆和外部电源的物理连接:如车辆驱动系统的车载可充电储能系统可以通过车辆外电源充电,当车辆被用户物理连接到外部电源时,车辆不能通过其自身的驱动系统移动。

三、GB/T 18384.3—2015 电动汽车安全要求第 3 部分:人员触电防护

本部分规定了电动汽车电力驱动系统和传导的辅助系统(如果有)防止车内和车外人员的要求。本部分同样适用于车载驱动系统的最大工作电压是 B 级电压的电动汽车。电动摩托车和电动轻便摩托车可参照执行。本部分不适用于非道路车辆,例如物料搬运车和叉车,不适用于指导电动汽车的装配、维护和修理。

1. 可充电储能系统

可充电的且可提供电能的能量存储系统,如蓄电池、电容器。

2. A 级电压电路

最大工作电压大于 30V 且小于或等于 60V 的电力组件或电路。

3. B 级电压电路

最大工作电压大于 30V 且小于或等于 1000V,或者大于 60V 直流且小于或等于 1500V 直流的电力组件或电路。

4. 基本防护

无故障情况下防止带电部分直接接触。

5. 遮拦

能够在任何通常的进入方向上防止直接接触的部件。

6. 外壳

用来防止设备受到某种外部影响或任何方向上直接接触的部件。

7. 电位均衡

电气设备的外露可导电部分之间电位差最小化。

8. 电力系统负载

断开所有车载充电能量系统和燃料电池堆,剩下的 B 级电压电路。

参 考 文 献

[1] 节能与新能源汽车技术路线图战略咨询委员会，中国汽车工程学会. 节能与新能源汽车技术路线图 [M]. 北京：机械工业出版社，2016.

[2] 王刚. 新能源汽车 [M]. 北京：清华大学出版社，2015.

[3] 中华人民共和国国家质量监督检验检疫总局，中国国家标准化管理委员会. GB/T 18384.1—2015 电动汽车安全要求第1部分：车载可充电储能系统（REESS）[S]. 北京：中国标准出版社，2015.

[4] 中华人民共和国国家质量监督检验检疫总局，中国国家标准化管理委员会. GB/T 18384.2—2015 电动汽车安全要求第2部分：操作安全和故障防护 [S]. 北京：中国标准出版社，2015.

[5] 中华人民共和国国家质量监督检验检疫总局，中国国家标准化管理委员会. GB/T 18384.3—2015 电动汽车安全要求第3部分：人员触电防护 [S]. 北京：中国标准出版社，20015.

读者沟通卡

一、申请课件

本书附赠教学课件供任课教师采用，可在机械工业出版社教育服务网（www.cmpedu.com）注册后免费下载；也可扫描二维码关注"爱车邦"微信订阅号获取课件。

爱车邦

免费下载 教学课件、学习视频、海量学习资料
➢ 扫描二维码，关注"**爱车邦**"
➢ 点击"粉丝互动"→"视频课件"

二、意见反馈和编写合作

联 系 人：谢元
电　　话：010-88379771
电子信箱：22625793@qq.com
地　　址：北京市西城区百万庄大街 22 号汽车分社
邮　　编：100037